ハイジが生まれた日

ハイジが生まれた日

テレビアニメの金字塔を築いた人々

ちば かおり 著

岩波書店

はじめに

夏のような陽気だというのに何枚も服を着せられた少女が、息を切らし真っ赤な顔をして山道を歩いている。少女の名前はハイジ。おばのデーテに連れられ、これから山に住むおじいさんのところに行くのだ。

児童文学の名作『ハイジ』の出だしの場面である。『ハイジ』はスイスの作家ヨハンナ・シュピーリ(一八二七―一九〇一)が五十代のころ書いた物語で、一九二〇年に日本に紹介されて以来、広く親しまれてきた。白銀のアルプス、そびえ立つ樅《もみ》の木、とろけるチーズ、ヤギと牧場……。スイスという国のイメージに『ハイジ』をそのまま重ねる人も少なくないだろう。

ことに一九七四年にフジテレビ系列で日曜夜七時半から放映されたテレビアニメーション『アルプスの少女ハイジ』は日本中の多くの人々の心をとらえた。初放映からすでに四十年以上になるが、その魅力は少しも色あせることなく、『ハイジ』といえばすっかりこのアニメ版のイメージが定着している。

放映が始まった当時、小学生だった私は毎週心躍らせてテレビの前に座っていた。そしてとろけるチーズや干し草のベッドに憧れ、ハイジの世界に夢中になった。

原作自体も文句なくおもしろいが、アニメの『ハイジ』には原作を単に映像化したにとどまらない深い人間ドラマがあった。加えて美しい音楽と背景画にも魅せられた。映像はもちろん、丁寧に描かれた日常生活、人の仕草や心理描写など、その完成度はおおよそ当時のテレビアニメの域を超えていた。そのとき受けた鮮烈な印象は今も消えずに残っている。

アニメ『ハイジ』はどのように生まれたのだろう。どんな人たちがどのように作ったのだろう。長年の思いから、私は当時の制作者を訪ね、話をうかがうことにした。

当時、そして現在もそうだだが、テレビアニメは一人で作れるものではない。いつかテレビアニメさえ一人で作れる時代が来るのかもしれないが、すくなくともデジタル化が進んだ今日でも、アニメ制作は多くの人手と時間を必要とする作業だ。その制作工程は多岐にわたり、多くの人が分担して携わる。

しかし一人の情熱、卓越した才能の存在が作品の出来を全く別次元へ導くこともある。当時『ハイジ』の制作現場には、森やすじ、高畑勲、小田部羊一、宮崎駿をはじめとした超一級の仕事師が奇跡のように集結していた。そしてこの作品から多くの次代を担うクリエーターが育っていった。

テレビアニメ『アルプスの少女ハイジ』が生まれた日。それは日本のアニメが一つの頂点に到達し、新たな一歩を踏み出した瞬間であった。

本書では『ハイジ』が生まれるまでを追いながら、『ハイジ』から見たアニメ史をひもといていきたい。

目次

I

ハイジと出会った男——高橋茂人

1章　幼年期から修業時代へ

一九七四年という時代

テレビアニメ『アルプスの少女ハイジ』が放映されたのは一九七四年であった。その頃、テレビアニメはまだ「テレビ漫画」と呼ばれていた。いわゆる動く漫画である。漫画本から飛び出した主人公たちは、超人的な能力や努力で獲得した技で、次々と現れる「敵」と闘い続けていた。根性があれば不可能が可能になる……。それらのアニメに描かれていた強い未来志向と力への信奉は、戦争を体験した世代の制作者たちのある種の信念であったのかもしれない。

日本社会は、朝鮮戦争の特需もあり、戦後十年足らずで急速な復興を遂げ、五〇年代後半には経済成長率が10％という高度経済成長時代を迎える。モーレツ社員がもてはやされる、沸きに沸いた時代であった。しかし六〇年代頃から、光化学スモッグなどの大気汚染や公害病など、高度成長時代の負の側面が表面化する。社会は大学紛争で揺れていた。美しい野山や田畑は次々に造成されて家が建ち、原っぱは駐車場に変わっていった。

七三年にはオイルショックが起こり、人類は滅亡するというノストラダムスの大予言や、小松左京のSF小説『日本沈没』が流行した。素直に未来の展望を描けず、後年新人類ともしらけ世代とも呼ばれることになる当時の子どもたちは、どこかこの頃の悲観的な気分を共有していたように思う。

そこに『ハイジ』がやってきた。自然への回帰と再生、人の心の温かさと大切さを描いた『ハイジ』。児童文学を原作に、人間ドラマを展開するこの物語には、魔法も武器も超能力も登場しない。ドタバタギャグもなければ、大事件もない。等身大の人間を丁寧に描いたこの良心的なアニメは、日曜の夜七時半という家族が一緒に過ごす時間帯のお茶の間で大いに歓迎された。『ハイジ』はまさにこの時代に清涼な空気、お日さまの光のような作品として現れたのだ。

両親を亡くした幼いハイジは、おばのデーテに連れられ山に住む祖父のもとに預けられる。美しいアルプスの山でおじいさんと幸せに暮らしていたハイジは、ある日車いすの少女クララの遊び相手としてドイツの大都市フランクフルトに連れていかれ、慣れない都会暮らしで心を病んでしまう。やがてハイジは再び山に帰って健康を取り戻し、クララにも幸せが訪れる。こうした『ハイジ』のストーリーも、モーレツ時代を経て人間性の回復が求められるようになった当時の気分に合っていた。

テレビアニメとして『ハイジ』を企画したのは高橋茂人というプロデューサーだ。彼は長年『ハイジ』アニメ化の構想を温めていた。『ハイジ』は多くの人々が関わって成立した作品であるが、高橋がこのアニメを世に送り出すために果たした役割は小さくない。

アメリカの児童文学者で、伝記作家でもあるスターリング・ノースはこう言っている。「歴史を語るには、有名だろうが無名だろうが、ある人の人生を借りて語るのがいい」。これから『ハイジ』が生まれた日へ時間の旅をしよう。高橋という人物が『ハイジ』とどう出会い、何を描こうと思ったのか、それが『ハイジ』誕生の最初の鍵となるはずだ。

高橋茂人の幼年時代

高橋は『ハイジ』を企画するにあたって、世界で通用するアニメーションにしようと考えた。そのためには作品の舞台をきちんと描く必要があるとして、スタッフを率いスイスでロケーションハンティング(ロケハン)を行っている。

一九七三—七四年の『ハイジ』制作当時は、為替レートが一ドル三百円近く、海外旅行など庶民にとっては夢物語だった時代である。本格的な国産テレビアニメがスタートした一九六三年からわずか十年、もちろん海外ロケハンは日本のテレビアニメ史上初めてのことだった。

この頃にはもはや一戸建てのマイホームやマイカーが特別ではなくなり、一億総中流などといわれるようになってはいたが、洋風の暮らしが一般化していく一方で、一般庶民にとって外国の風景はまだまだ憧れの対象であった。スイスがどんな国か、スイス人が何を食べ、どういう生活をしているかなどは、本や写真のイメージで漠然と思い描く程度のものであり、『ハイジ』に描かれているチーズやソーセージにしても、当時の日本人にとってはプロセスチーズや魚肉ソーセージという一種代用品での体験がほとんどだった。

ところが高橋には本物のチーズの思い出があった。高橋は少年時代、中国の天津にあったフランス

中国へ出征する父茂雄と茂人(1939 年頃).

租界で暮らしていたのだ。租界とは外国人居留地のことで、当時天津には欧州各国の租界があった。中国にありながら租界は西洋そのものだったという。高橋はそこでフランスパンやプディング、ナチュラルチーズやソーセージを日常的に食べて暮らしていた。

『ハイジ』が生まれた背景と、高橋の幼少期の体験は無縁ではない。これからしばらくの間『ハイジ』と別れて、高橋の生い立ちをたどることにする。時は第二次世界大戦前にさかのぼる。

高橋は一九三四年生まれ。父方の先祖は栃木県の名士で、その昔は今の栃木市近郊に小さな城を持つ領主だったという。父茂雄は慶應大学ラグビー部出身で、卒業間際にブラジルで一旗揚げようと大学を中退したものの母親の懇願で断念し、映画業界へ進んだという人物だ。母いねは大手銀行に勤めた才女で、時代の最先端をいくモダンガールだったという。高橋はそんな彼らの一人息子であった。

彼が五歳のとき父が中国に出征する。すでに日中戦争が始まっていた。高橋は翌年麻布十番近くにあった飯倉小学校(現在は廃校)に入学。入学当初は何をやらせても遅いといわれたおっとりした少年で、身体《からだ》も弱く、一学期も終わりの頃、肺胞浸潤を患った高橋はそのまま入院生活を送ることとなる。療養生活を送りながら母と二人、父の帰りを待っていたが、夏休みが終わる頃、除隊して北京で新たな職に就いた父から、こちらへ来いとの便りが届いた。

一九四〇年・北京

一九四〇年九月、高橋は父に呼び寄せられる形で、母と二人中国に渡った。港で待っていてくれた父に何が食べたいかと聞かれ、好物の「支那そば」と答えたら、「中国には支那そばはない」と言われて驚いたという。高橋は少年の頃から美味《おい》しいものには目がなく、彼の記憶には食にまつわるエピソードに事欠かない。『ハイジ』で本物のスイス料理を追い求めたように、食へのこだわりは人一倍強かった。

一家は北京に居を構え、高橋は北京にあった北京城北日本国民学校に通うことになった。当時北京は北平《ペーピン》と呼ばれ、日本軍司令部が置かれていたこともあり、市内には急激に日本人が増えていた。高橋が転入したのは、北京日本東城第一尋常小学校の分教場で、翌年には北京城北日本国民学校と改名された。北京の国民学校は、教師も生徒も日本人で、教科書も内地(日本)で使うものと同じものが使用された。

この北京城北の学区は、日本軍司令部が設置されている北京の最重要部に位置していた。付近は清朝の没落後も王侯貴族の館が多く残る高級住宅地で、官公庁や企業の上層部の人といったインテリ層が多く住んでいた。親の教育熱も高く、急ごしらえの学校ながら設備もどんどん整えられていった。

時は日中戦争の最中で、高橋が来るわずか三年前には、北京周辺でも盧溝橋事件に始まり広安門事件や通州事件といった武力衝突や血なまぐさい事件がたびたび起こっていた。だが、高橋が移住した頃には日本による統治が進み、彼の目には人々の暮らしは平和そのものに見えたという。

先生から受けた注意は、「冬に素手で金属を触ってはいけない、触ると手がくっついて取れなくなる」「壁につるした服はよく振って着ること。サソリが入っていることがあるから」というものだった。夏暑く冬寒い北京では、外で遊ぶこともままならず、友達を訪ねるには片道二、三十分も歩かなければならない。一人っ子だった彼は自然と本を読んで過ごすことが多くなっていた。その頃愛読した本に『ハイジ』があった。それが高橋にとって『ハイジ』との初めての出会いである。

一九四一年十二月八日、日本軍の真珠湾攻撃を皮切りに、太平洋戦争の火ぶたが切られた。その朝ラジオで「帝国陸海軍は本八日未明、西太平洋において、米英軍と戦闘状態に入れり」と大本営発表を聞いた高橋は「やったー」と歓声を上げたという。当時の少年たちの正直な反応だった。

高橋は高揚した気分に包まれて学校へ向かいながら、警備中の日本兵に思わず「がんばってください！」と声をかけている。だが町の辻《つじ》に立っていた兵士らは、その日の午後には皆どこかへ姿を消し、子どもの目にはいつものののどかな通学路に戻っていた。

天津のフランス租界にて

高橋は小学三年生の時、父の仕事の関係で北京から天津に引っ越すことになった。天津には当時、日本租界をはじめ欧州各国の租界があった。租界は、イギリス租界ならイギリス人というように各統治国の国民が居留するばかりでなく、法律もすべて租界本国のものが適用される、いわば治外法権の地であった。

日本の天津租界は一八九八年から設置されているが、本格的に拡大したのは一九〇〇年の義和団の乱以降のことである。しかし高橋一家が住んでいたのはフランス租界内であった。日本、イタリア、フランス、イギリス租界はそれぞれ近接していたこともあり、連合国側と戦争中にもかかわらず、高橋はナチュラルチーズやチョコレート、プディング、キドニーパイなどを日常的に口にしていた。租界の中では「特に戦争の影を感じることはなかった」と高橋は語っている。

遊ぶのはイギリス租界にあるビクトリア公園で、高橋の家の二軒隣はおいしいフランスパンの店だった。父が「スイスではこうやって食べるんだ」と言って、グリュイエールチーズを溶かしたフォンデュを食べさせたこともあった。また、父の仕事で行った青島《チンタオ》のドイツ職人が作るソーセージのおいしさは生涯忘れられない味だった。

映画関係の仕事をしていた父の仕事先は、比較的上客が多く、中には元ロシア貴族もいた。当時天津の租界にはロシア革命で亡命してきた白系ロシア人といわれる人たちも多く住んでいたのだ。高橋

父と天津の租界にて(1943年頃).

は彼らの家に呼ばれて、たびたびボルシチなどのロシア料理をごちそうになっている。ナイフとフォークの使い方などの正式な食事マナーは、その頃に見よう見まねで覚えたという。

同時期、内地で暮らした人々と、高橋の育った空気とはずいぶん異なっていた。そしてこの多感な少年時代にいわば「西洋」で暮らしたことが、後に海外を視野に入れたアニメ制作や、『ハイジ』でこだわった本物志向につながっていく。

この頃、すでに戦局は劣勢に傾いていたが、日本は勝っているという大本営発表を、多くの日本人と同様に高橋も信じていた。あるとき高橋は撃沈したというアメリカ戦艦の数を数えて「先生、アメリカの戦艦の数はこんなに多かったんですね!」と言ったらゴツンと殴られた。なぜ叱られたのかそのときはよくわからなかった。だがフランス租界での楽しい日々は終わりに近づいていた。

満映・甘粕正彦の思い出

高橋は北京に戻った。少年だった高橋の目にも、中国の貧富の差は大きく見えた。北京に住む現地の一般庶民は多くが貧しく、満足に食事ができない状況だった。市場ではタバコ一本が半分に切って売られ、細いネギは一本ずつで売られていた。日本軍による統治下、日本人が食に困ることはなかったが、高橋は、捨てられたおにぎりの梅干しの種を現地の子どもが拾って口にするのを見たこともあった。一方で百人規模の私設兵を雇うような中国上流階級の破格の暮らしぶりも、父の仕事を通して知っていた。

父の仕事先は華北電影という映画会社であった。華北電影は、日本統治下の国策映画機構として中国で映画の製作や上映を行っていた。映画を観ることは当時北京に住んでいた日本人にとってごく日常のことだったという。小学校でもたびたび上映会が行われ、子どもたちの娯楽の一つであった。

華北電影は満州映画協会(満映)の北京支部という存在で、父茂雄は満映の理事長を務めていた甘粕《あまかす》正彦に頼まれて華北電影の仕事を手伝っていた。

甘粕正彦といえば、関東大震災直後の混乱に乗じて社会主義者大杉栄らを虐殺したとされる「甘粕事件」の甘粕大尉その人である。一九二三年九月、大杉栄とその妻伊藤野枝を検挙し、たまたま遊びに来ていた甥《おい》で七歳の橘くんまで連行、殺害した事件は当時の世の中を騒がせた。だが、後年の資料や裁判の記録、目撃者証言によっても甘粕が犯人だとは断定できず、現在に至るまで事件の真相はわかっていない。

彼は短期間で出獄し、その後すぐに結婚、渡仏している。そして数年後には満映の理事長として再び歴史の舞台にその姿を現す。甘粕については、彼を知る人により、厳格な軍人、頭脳明晰《めいせき》だが神経質、気配りの人情家、ハイカラな趣味人などさまざまな人間像が残されている。

高橋は、父の仕事場で何度か甘粕本人に出会っている。彼の見た甘粕の印象は「とても優しいおじさん」だった。高橋には彼が人を殺すような人間には思えなかったという。

一九四三年、高橋が小学四年の時、父に再度召集がかかった。出征を前に、父は妻と息子に「日本は負ける。ここ(北京)にいては危険だから」と帰国するよう促した。だが、平和で物資が豊かな北京の日本人社会で暮らし、大本営発表しか知らない高橋には、それはにわかに信じがたい話だった。いよいよ帰国することになったある日、満映から北京に来ていた甘粕が「坊や、しっかり勉強をするんだよ」、そう声をかけて高橋の頭をなでたという。その甘粕は日本に帰ることなく終戦直後、満州で自決した。

引き揚げ

一九四四年の春、帰国せよという父の指示に従い、高橋は母と北京を後にする。戦局の悪化に伴う一時帰国のつもりでいたので、ほぼ全財産を北京に残しての出立だった。

北京の町を一歩出ると、そこは荒涼とした原野と砂漠の風景が続いている。だが寝台列車での旅は十歳の高橋にとって楽しい旅行の始まりに思えた。優等列車の食事は毎度豪勢なもので、朝食から白米に大きな鮭の切り身や卵、納豆など御馳走が出る。白米が食べられるのは日本人だけだったことを考えても、相当優遇された扱いだった。当時の情勢下では汽車が攻撃の対象になることもあったため、高橋らの列車にも警備に一小隊くらいの兵隊が乗っていたが、快適な寝台列車の旅に、おおよそ祖国へ引き揚げる悲壮感は感じられなかったという。

だが、中国を出て朝鮮半島に入ったとたん米に雑穀が混じるなど食事の内容が悪化する。釜山《プサン》から日本へ渡る船に乗るが、厳戒態勢の中、遅れに遅れて下関港に着いたのは夜遅くだった。連絡船内では食べるものがなく、おなかをすかせたまま予約していた旅館にたどり着いたが、何もないから食事は出せないという。子どもだけでもと頼んでようやく出されたのは、薄い桃色の寒天で固めたようなものが二きれだけだった。中国での豊かな暮らしから一転して食事にも事欠く状況に置かれた高橋は、そこで初めて「あ、おやじの言ったことは本当だ、日本は負ける」と理解したという。

内地を走る列車はどれもすし詰め状態で、町を走るのは木炭自動車だった。子ども心にも外地との激しい落差を感じた。日本国内は日中戦争が始まって以来、徐々に物資が無くなっていったが、高橋は豊かな暮らしから突然何もないところへ帰ってきた。すべてがカルチャーショックだった。

東京の小学校に転入するが、すでに学童疎開が始まっていて、高橋は父方の親戚筋を頼って宇都宮へ縁故疎開をすることになる。母は親戚の家の近くに家を借りて住むことにしたが、その家の大家の一人息子は軍医として出征しており、彼の勉強部屋にある本を高橋は自由に読むことが許された。そこには『西部戦線異状なし』『赤と黒』『戦争と平和』など、反戦本を含めた欧米の翻訳書がたくさんあった。

子ども向きの本はなかったが、他に読むものはないので並んでいるのを片っ端から手に取った。四四年にはまだ宇都宮には空襲はなく、ゆっくり本を読む時間もあった。だが翌年二月になると米軍による空襲や機銃掃射が開始される。

宇都宮大空襲

一九四四年末頃から日本各地が空襲にさらされるようになった。宇都宮には師団司令部が置かれ、中島飛行機製作所を抱えた軍都として知られていた。今も市内中心部にある八幡山には当時造られた地下司令室の跡が残っている。

ある日高橋が田舎道を歩いていたところ、偵察中の米軍機に遭遇した。高橋は思わず手元にある石をつかんで米軍機に向かって投げるが、もちろん届くわけもない。しかし飛行機はすぐに引き返して高橋に迫ってきた。石橋の下に転がり込んで難を逃れるが、後年そのときのことを「操縦士の顔がよく見えた。彼は僕が子どもなのをわかって撃ってきたんだ」と話している。フランス租界で覚えた西洋への親しみと、このときの体験は、奇妙に共存して高橋の西洋観を形作っていく。

一九四五年七月十二日、宇都宮に空襲があった。二十三時から始まり翌一時まで、市内に焼夷弾《しょういだん》の雨が降った。高橋の住む家の裏手にある八幡山には大きな防空壕《ぼうくうごう》が掘ってあった。それにいざとなればそばにある小学校の建物が盾になるだろうと高橋は心強く思っていたが、実際に空襲が始まると、頼みの校舎はあっという間に燃え始めてしまう。市街地は既に火の海であった。「私を置いて逃げなさい」という母の手を無理やりひっぱって防空壕に飛び込み、なんとか命を取り留めたという。

同じ時、同じ空の下を逃げ回った人の中に、後年『ハイジ』で場面設定を引き受けることになる宮崎駿がいた。東京生まれの宮崎も、高橋と同じく宇都宮の親戚を頼って疎開してきていたのだ。このとき四歳だった宮崎は親戚の車で逃げる途中、幼子を連れた男から乗せてくれと頼まれたのを大人たちが「無理だ」と断ったときの様子を幼心に刻んでいる。

この空襲による死者は六百人以上に上った。焼夷弾は市街を焼き尽くしたが、高橋の住んでいた家は運良く焼け残り、避難所になっていた。あくる日、通っていた小学校は遺体置き場となっていた。遺体は累々と並び、高橋にはとほうもない数に感じられたという。

だが黒焦げの遺体を見てもどういうわけか怖いという感情は浮かんでこない。機銃掃射と大空襲という非常事態下にもかかわらず、高橋は自分が悲惨な状況にあると思っていなかった。おそらく周りも皆同じ状況だったからだろう。高橋は焼夷弾の不発弾を見つけては中身を集めて燃料にするために持ち帰っていた。空襲も慣れたらそれが日常だった。

そして八月十五日。感度の悪いラジオで誰かが何か言っているのを大人たちが黙って聞いている姿を高橋は覚えている。「日本は負ける」という父の言葉は現実のものになった。

粟国先生と沖縄

戦争が終わった。九月に学校が再開されると、まずさせられたのが教科書を墨で塗る作業だった。高橋は上の学校に進学するため宇都宮中学校（現在の宇都宮高校）を受験したが、自信を持って臨んだはずの試験が不合格となってしまい、地元の国民学校高等科に通うことになる。

当時宇都宮には下野《しもつけ》中学校というバンカラな校風でやたらけんかが強いと評判の学校があった。その下野中学校が、お嬢様学校で知られた作新館高等女学校と合併し作新学院となった。二年の時、高橋はその作新学院に転校する。中国から復員してきた父の希望だった。高橋はめっぽうけんかが強かった。幼い頃は動作もゆっくりでおっとりしていた高橋だったが、親譲りの大きな身体で、この頃には腕力もかなりのものになっていた。学校へ行くまでに一回、昼に一回、下校時に一回と毎日けんかに明け暮れるが、そんな高橋にあるとき担任の粟国《あぐに》先生が進路希望を聞く。

当時、高橋の家には父親の慶應大学時代からの友人らが入り浸っていた。皆ハチャメチャな人間だが好漢ぞろいで、高橋はその雰囲気が好きだった。さらに父の勧めもあったので「慶應に行くつもりです」と答えると、先生に「お前が入れるくらいだったら誰も苦労しないぞ」と一蹴された。

それでも粟国先生は自宅で特訓してやろうと申し出てくれた。

戦時中の教員不足による代用教員として着任していた粟国先生は、もともと航空エンジニアで、沖縄の出身だった。奥さんも沖縄の出で、高橋が自宅に来るとサツマイモの茶巾絞りなど美味しいおやつを作って迎えてくれる優しい人だった。

栗国先生との出会いは高橋にとって一つの大きな転機となった。一日三、四時間、熱心な指導は一年ほぼ毎日続き、その甲斐《かい》あって高橋は慶應高校に合格する。その縁もあって後年高橋は恩師のふるさと沖縄を訪ねたことがあった。一九七二年の沖縄返還前のことである。

当時まだ沖縄の通貨はドル。戦後二十年たっていたにもかかわらず、復興もままならず更地になったままの中心街の様子に、高橋は衝撃を受けている。それは中国から内地へ帰ってきた時以上の驚きだった。戦火の下にいるのが当たり前だった宇都宮では戦争の恐ろしさに対する感覚が麻痺《まひ》していたのだろう。戦後の平和の中で復興がいち早く進んだ本土からみた沖縄は、戦争の破壊力を高橋の心に深く刻みつけた。

けんかは強かったが、ヒロイズムにはのめり込めない。後年、高橋が後に子どもに観せたいものとしてアニメ化する作品に選ぶのは『ムーミン』や『ハイジ』など、戦いやバイオレンスと無縁の作品であった。

原作との出会い

高橋が慶應高校に合格、入学が決まったことを誰よりも喜んだのは父だった。合格したときはあちこちに喜びの報告をしてまわり、学生服や革靴など身の回りのものを揃《そろ》えてくれた。ところが高橋は、父から学生服にはアイロンをかけて行けなど服装に念を押されたにもかかわらず、入学式に高下駄《たかげた》と腰に手ぬぐいという出《い》で立《た》ちで臨み、周囲を唖然《あぜん》とさせた。

宇都宮でけんかばかりしてきたため、育ちのいい若者が多い慶應での学生生活は戸惑うことも多かった。だが下野で鍛えた腕っ節はやがてアイスホッケーに生かされる。氷上の格闘技といわれるアイスホッケーに高橋は高校、大学時代熱心に打ち込んだ。

慶應大学のアイスホッケー部は大正時代に創部された。戦前のアイスホッケー草創期には日本学生氷上競技選手権大会において五度の優勝を果たした強豪チームで、高橋が在籍していた一九五三、五四年には東京都大学リーグ連覇を達成し、慶應アイスホッケー戦後最強の時代を築いている。

そのころ高橋は、フォワードのセンターとしてチームの大黒柱を担っていた。だがある試合中、目にケガをして選手を続けることができなくなってしまう。チーム離脱を余儀なくされた彼は、その後母校である慶應高校アイスホッケー部監督に転身し、後輩の育成に情熱を傾けることになる。

そんな高橋が選手時代、合宿によく持参していたのが本だった。当時学生の間では岩波文庫を読むというのがちょっとした流行になっていたという。一度の合宿に五、六冊は持っていく。岩波文庫の『アルプスの山の娘』を読んだのもその頃だった。『アルプスの山の娘』とは、『ハイジ』のことである。

前述したように高橋は北京時代、子ども向けに抄訳された『ハイジ』を読んでいて、あらすじは知っていた。その頃、アイスホッケーがシーズンオフの夏には山岳部の友人らと北アルプスや南アルプスによく登っていた。アイゼンやスキーを使って冬山にも入った。山に親しんでいた高橋が文庫版『アルプスの山の娘』を手に取ったのは、山に関係する物語だからだった。だが『ハイジ』は不思議に高橋の心を捉え、深く根を下ろしていく。

他大学の学生らと誘い合わせて白馬八方尾根に登ったときのこと。昼のカレーが足りずにいたら、隣にいた日大山岳部の女性が「私のカレーをどうぞ」と差し出した。彼女は後に高橋の妻となる。『ハイジ』同様、山が取り持った縁だった。

日本人と『ハイジ』

学生時代に高橋が手にした岩波文庫の『アルプスの山の娘』は、『ハイジ』の翻訳版として、小説家として知られる野上彌生子が訳している。ここで少し原作の『ハイジ』について触れておこう。

大学時代の高橋．仲間と好んで登山をしていた．

『ハイジ』はスイスの作家ヨハンナ・シュピーリ（一八二七―一九〇一）によって一八八〇年に書かれた物語で、原題は『ハイジの修業時代と遍歴時代』(Heidi's Lehr- und Wanderjahre）という。現在『ハイジ』として出されている本は、翌年に書かれた『ハイジは習ったことを使うことができる』(Heidi kann brauchen, was es gelernt hat)と合わせて一冊にまとめたものである。このいかめしいタイトルは、ヨハンナが敬愛したゲーテの著作『ヴィルヘルム・マイスターの修業時代』『遍歴時代』にあやかってつけられたものだ。

ヨハンナは、牧師の娘で有名な詩人でもあったメタと、医師ヤーコプの間の四番目の子どもとして、一八二七年チューリヒ郊外のヒルツェルで生まれた。ヒルツェルはうねうねと緩やかな丘が連なる酪農地帯だが、先進的な経済の都チューリヒに近いこともあって、彼らの家庭は多くの知識人が出入りするちょっとした文化サロンといった趣があった。ヨハンナはアルプスを望む丘の上でのびのびと自然の中で遊び、かつ最先端の文化を享受する環境で成長していく。

やがてヨハンナは家に出入りしていたシュピーリ青年と結ばれるが、後に彼はチューリヒ市の書記官となり、政治の世界で重要な地位を占めるようになる。しかしチューリヒでの新生活と都会の社交生活になじめないヨハンナは、次第にハイジ同様心を病んでいく。二人の間に生まれたただ一人の男の子は身体も弱く、ヨハンナは自身の療養もかねて息子を連れてスイス東部の保養地ラガーツ温泉などに逗留《とうりゅう》する。ラガーツに近いイエニンスという村の友人の家に滞在した際、ヨハンナは周辺で見聞きした自然や村人の暮らしから『ハイジ』の物語を構想する。ラガーツでの療養も後に『ハイジ』でクララが療養する設定に使われている。

日本では『ハイヂ』(世界少年文学名作集第八巻・家庭読物刊行会)として一九二〇年に初めて翻訳された。そしてこの物語は、昭和に入ると英語版が教材として用いられるなど、多くの少年少女に親しまれることとなった。高橋が大学時代に読んだのは、英語版から重訳（原書はドイツ語）されて刊行されたものだ。

『ハイジ』が日本人に受け入れられたのは、美しいアルプスや山の娘ハイジの純真なイメージもさることながら、大正期以降、登山が一般の人のスポーツとして認知された時期とちょうど重なっていることも無縁ではないだろう。

終戦後『ハイジ』は多くの翻訳が出版されるが、活字への渇望と出版需要に加えて、ハイジの故郷である永世中立国としてのスイスの平和なイメージも、戦争で傷ついた人々に多く受け入れられた要因の一つであった。

原作者ヨハンナ・シュピーリ．彼女の見聞きしたことや体験が『ハイジ』に投影されている．

2章　コマーシャル制作が育てたテレビアニメーション

梁瀬次郎と街頭テレビ

高橋茂人が就職活動を始めた一九五五年頃は、外車が飛ぶように売れていた時代だった。若い男は皆、車に夢中だった。「外車のセールスもいいな」。そう思って高橋が面接に行った先が梁瀬自動車(現ヤナセ)だった。梁瀬長太郎が一九一五年に設立した梁瀬商会が前身で、キャデラックなどの輸入販売から興した会社である。

当時の社長は、長太郎の息子の梁瀬次郎。彼は高橋に会うなり「おまえ、日本で初めての仕事をしないか」と持ちかけた。どうも外車の販売ではないらしい。情熱的に語る彼の様子に面白そうだと興味を引かれたものの、何の仕事なのかよくわからない。とにかく来いということで試験会場に行くと「日本テレビジョン株式会社」と看板がある。二年前に開局したテレビ局の日本テレビかと思ったら全く別の会社で、テレビコマーシャルを作る会社だという。案の定、テレビ局と間違えて入社試験を受けに来た者も多かったらしい。高橋はだまされた気分になるが「男が一度決めたことは」と入社を決意する。

日本テレビジョンは梁瀬自動車の子会社で、梁瀬次郎が興した。後にＴＣＪと社名を変更する。一九五一年、アメリカに滞在していた梁瀬は、知り合いを通じてジョン田中という人物と出会った。田中は梁瀬に「今に日本にもテレビの時代が来る。テレビ受像機を輸入して一緒に日本で売らないか」と持ちかけてきた。

ＮＨＫによるテレビ放送が始まる二年前のことである。その頃はまだ日本にはまともな物資はなく、アメリカの中古の電化製品や自動車が大変もてはやされていた。日本国内にはテレビどころかテレビ局すらなかったが、アメリカ西海岸の街に林立するテレビアンテナを目の当たりにしていた梁瀬は、テレビは必ず文化的な事業として発展すると確信し、帰国後すぐに父を説得して日本テレビジョンを設立した。テレビを売ったお金を運転資金にして、日本に本格的な映像プロダクションを作ろうという計画で、この事業は、当時財閥解体で公職に就けなかった三井八郎右衛門や古河従純、安田一などの財界の大物が、テレビジョンは新しい文化事業だということで梁瀬のバックアップをしたという。

だがせっかく資金を投入して発注したテレビやスタジオ機器の代金が、外貨枠の制限で支払えなくなり、スタジオ用に用意した土地も手放すこととなる。スタジオ機器も東京放送（ＴＢＳ）が買ってくれたが、山積みのテレビの処置に困っていたところ、これを街頭に設置する仕様にして売ってはどうかという案が出た。これが当たった。街頭テレビの需要でテレビの在庫は捌け、以後日本テレビジョンは、テレビコマーシャルの制作会社としての道を進むことになる。

高橋が日本テレビジョンに入社したのは一九五六年。当時の社員はわずか二、三〇人でコマーシャルの営業を担当する業務部と、制作を担う動画部の二セクションしかなかった。テレビ放送開始から三年後、テレビが全盛期を迎える前夜のことだった。

テレビ放送スタート

一九五三年二月、日本で初めてのテレビ放送がＮＨＫで始まった。その第一声となったのは「テレビは文化のバロメーターだと言われています。目と耳を同時に引き付けて各家庭に流れるテレビは、その影響するところは、国民生活全体の上に革命的とも申すべき大きな働きをもつもの」というＮＨＫ会長のあいさつだった。その言葉通りテレビは戦後文化の大きな位置を占める存在になっていく。

放送スタート時、テレビ受像機は高嶺《たかね》の花で、ＮＨＫの受信契約はわずか九百件足らずだった。一般家庭に受像機などほぼ無にも等しい状況であったが、これからはテレビの時代という梁瀬の思惑通り、駅や盛り場、公園などに設置された街頭テレビには多くの人が群がることになった。見えるのかどうかわからないくらい小さな受像機の中で繰り広げられるプロレスや相撲の中継に、人々は熱狂した。

同年八月には民間テレビ局として日本テレビ放送網が放送を開始。ここにテレビコマーシャルの時代が始まった。いち早くスタートを切っていた日本テレビジョン（以下ＴＣＪ）は、初期のコマーシャル制作のトップシェアを持つことになる。

日本第一号のコマーシャルは、時計製造の「精工舎」（現セイコーホールディングス）の時報で、アニメーションが使われていた。アニメのニワトリが時計のねじを巻いた後、実写の時計が映し出されて時間を知らせるというかわいい作品だが、最初のオンエアで技師がフィルムを裏返しにかけ、文字が反転してしまったうえに音声が流れず、これが初の放送事故ともなってしまった。

テレビコマーシャルの初期にはアニメが多く用いられた。まだ解像度の良くない白黒の映像だったこともあり、アニメは動く絵として商品名や商品をくっきりと見せるのにもっとも適した表現方法として重用されたのだ。一本まるまるアニメとして見せる作品から、商品名など一部分だけをアニメにしたものも加えると、ＴＣＪ制作の初期のコマーシャルでは、およそ九割になんらかのアニメ技術が使われている。そしてこの突如現れたテレビコマーシャルという新ジャンルが、アニメ、それもテレビアニメの制作のシステム化と発展に大きく寄与することになる。

一九五九年の皇太子(今上天皇)のご成婚時には、テレビの数が一気に二百万台を超えた。テレビ局と番組の増加に伴って次々と発注されるコマーシャルの制作に対応するため、ＴＣＪではアニメの技術者を集めるのが急務となっていた。

コマーシャルとアニメーション

テレビは全く新しいメディアであり、テレビ業界は誰も経験したことのないフロンティアであった。人材は映画界をはじめ各界から寄せ集めた急ごしらえのチームに過ぎず、一人一人は優秀な技術を持っていても、彼らをまとめる人も、制作のための知識もなかった。ましてやコマーシャル制作のノウハウなど誰も持っていなかった。

テレビコマーシャルにはアニメの技術は欠かせない。まずは技術者集めだとして、ＴＣＪは、当時のアニメ作家やスタジオに声をかけた。テレビ開局当時、アニメを制作していたのは、ほとんどが個人規模の零細プロダクションだった。その中の一つ芦田漫画映画製作所を率いていた芦田巌とそのメンバーを、ＴＣＪは技術者として招聘《しょうへい》する。

芦田はアニメ作家として戦前からアニメーション映画を制作して活躍していた。小さいスタジオながら、『バクダット姫』（一九四八）、『森の音楽会』（一九五三）などを手がけ、若き日の手塚治虫や、後に『ルパン三世』『ムーミン』のキャラクターデザインを手がけた大塚康生らが、アニメーターになろうと門をたたいたスタジオだった。根っからのアーティストだった芦田本人は会社勤めが性に合わなかったようで、ほどなくＴＣＪを辞めてしまうが、残ったメンバーはＴＣＪでアニメの制作体制を作る要となっていく。

アニメ制作は作業工程が多く人手もかかる。技術者の数が足りなかった。ＴＣＪは増え続けるコマーシャル制作に対応するため、次々と募集をかけ、芦田のスタジオ出身者らが新人にアニメの技術を教えるという体制で現場を切り盛りしていった。こうして膨大な数の作品をこなす中から、アニメ制作に必要な設備や、作業工程を分業化し大量の仕事を効率化するためのシステムが考案されていった。もともとコマーシャルという媒体は、アニメーションによる多様な表現を実験的に行うのに適していた。新しい映像を求めて次から次へと趣向の異なる作品を手がけることから、アニメーションのさま

TCJ 社屋前．手前は CM 制作班の足となったベンツ（1963 年）．

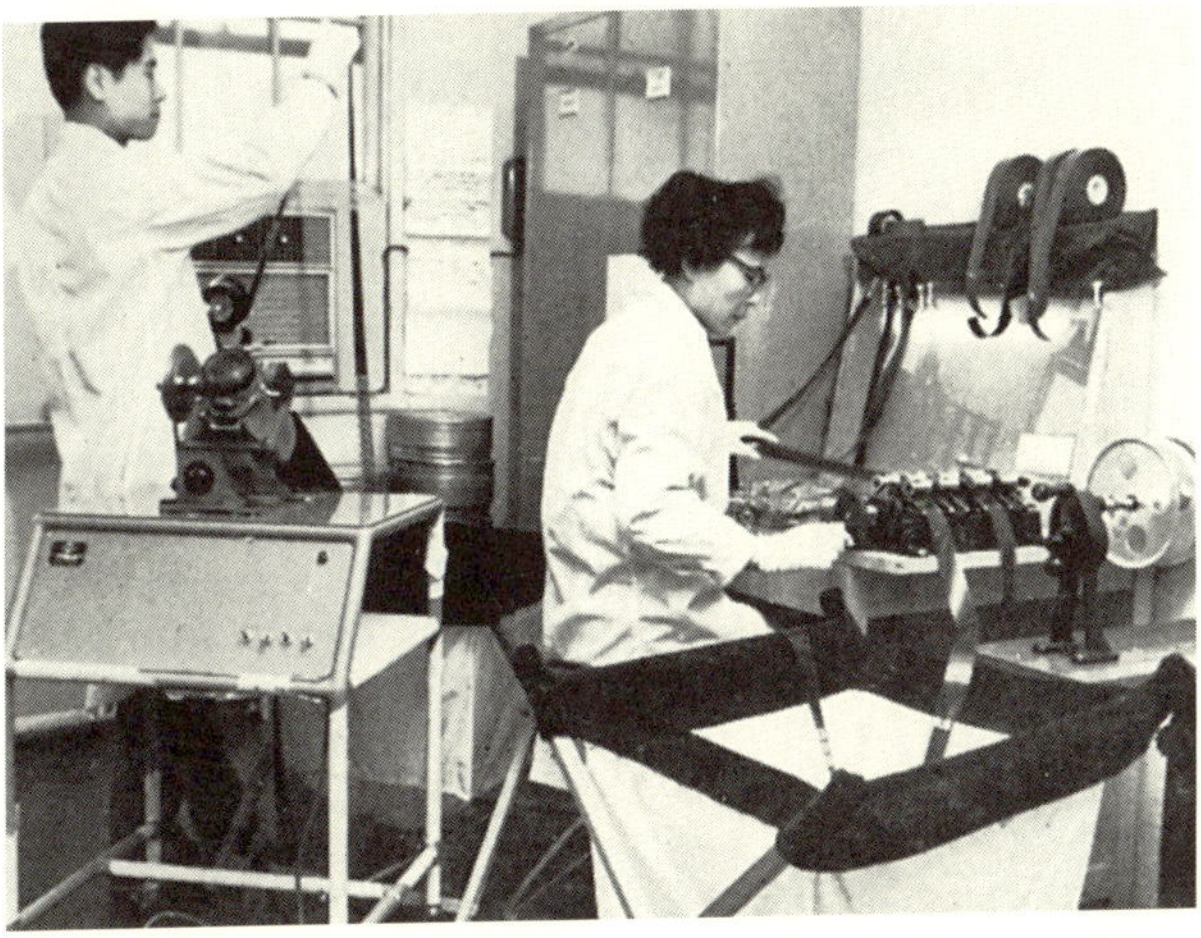

TCJ の編集室．1962 年当時，月に CM 120 本を制作していた．

ざまな技法を試す場になったのだ。これが後々、テレビアニメの制作体制の基盤となっていく。

高橋が入社したのは、こうしたコマーシャル制作がある程度軌道に乗り始めた頃であった。彼が配属されたのは業務部(営業)だった。営業とはいうもののコマーシャルは受注製品であり、企業に作らせてくれと頼んでくるのが仕事だ。受注するとスケジュール、制作費、キャスティングから映像手法の選択まで、すべてはじき出して納品の責任を負う。仕事の内容はプロデューサーといっても良かった。何でもやるのが当たり前だった草創期のテレビ界で、高橋も絵コンテを描かされ、フィルムの切り張りも覚えさせられた。何をどう作ればいくら費用がかかるか、手間と日数はどのくらいかかるのかなど、高橋はコマーシャル制作現場を駆け回りながら覚えていった。この時期に得た経験と人脈が高橋の大きな財産になり、後に『ハイジ』をはじめとしたアニメ作品を企画、プロデュースする土台として生きることになる。

アニメーションとは

ここでアニメーションの歴史を振り返ってみよう。今やアニメーションは、テレビアニメやジブリ映画、ディズニー映画などを例に挙げなくとも、一般的な言葉として知られている。アニメーションの略語であるアニメという言葉もすっかり定着した。だがアニメーションはもともと専門的な映像技法の一つで、映像業界の専門用語である。

アニメーション(Animation)の語源はラテン語のAnimaで、「生命・魂」という意味がある。もともと止まっている絵や物を少しずつ動かして撮影し、それらをつなげて動いているように見せる技法で、ノートの隅で作るパラパラ漫画を思い浮かべるとわかりやすい。

静止しているはずの絵が動いて見えるのは、実は脳の錯覚によるもので、目に映った「絵」と次の「絵」の間を、脳がこうなるのではないかと予想し補完するため、あたかも動いているように感じるのだ。

絵と絵の間を瞬間的に遮り、残像効果を生かした仕掛け道具が、十九世紀のヨーロッパ各地で作られ人気を呼んだ。これはフィルムのメカニズムと同じで、映像が一コマずつ黒い枠の中に並んでいるのをプロジェクターにかけて一瞬シャッターで光を遮り、次のコマをレンズ前に移動させ、投光し、一時静止させる。それを連続で映すことで映像が動いて見えるのだ。

一八九五年にフランスのリュミエール兄弟によって発明された映画は、瞬く間に動く写真として文化の一角を担う一大産業へと発展していった。同じように連続した絵を撮影して表現するアニメーションも、フィルムにいったん写し込むことで作品になるという点で映画と基本的な仕組みは同じである。どちらも二十世紀に入って発展した新しい時代の文化だった。現在テレビアニメーションはすべてデジタル化されているが、静止画を動くように見せる原理は変わらない。

草創期のアニメーションは紙とインク、切り絵や黒板に描いた絵を使った作品だった。粘土や砂、人形、影絵などあらゆるものがアニメーションになるが、後にテレビアニメで用いられることになる、透明なフィルムに転写した絵を別に描いた背景の絵に載せて撮影する手法は、一九一四年にアメリカで生まれている。動かす必要のない背景とは別に、動く部分だけを透明な薄いセルロイド板上に描くため、一枚ずつすべての絵を描く手間が省け、それまで少人数で時間をかけて作られていたアニメの分業が可能となり、量産できるようになった。セルロイドは大変燃えやすい素材であり、また高価でもあったので、後にポリアセテートが使われるようになったが、「セル」の名は残り、この手法はそのままセルアニメと呼ばれている。テレビアニメは当初からこのセルアニメ方式で制作されていたが、現在はすべてデジタル化され、セルに描き起こされることはなくなった。

戦前のアニメーション

アニメーションが産業として発展するには、まず商売として成り立つシステムが必要であった。特に制作側においては、一定の期間内で作品を安定的に作ることができ、かつ利益を得られるかどうかが求められる。セルを使うようになったことは、効率化の面で大きな意味があった。紙に人物などの動きの線画を描く作業、その絵にセルを置いて輪郭線を複写する作業(トレス)、トレスの済んだセルに裏側からアクリル絵の具で色を塗る作業(仕上げあるいは彩色《さいしき》)といった、いくつもの工程に分けられることにより分業がたやすくなるのである。それまでは動くものと背景が一緒に描かれた絵を何枚も作る、あるいは紙を切り抜いて少しずつ動かしコマ撮りするなど、いずれも膨大な手間と根気が必要だった。多くは作家が一人で、または数人で制作していたので、気の遠くなるほどの時間をかけて作っても、数分程度の作品が精いっぱいだった。現在のような毎週放映するテレビアニメは分業が可能なセルアニメであってこそ可能となったのである。

日本で初めてアニメーションが作られたのは大正浪漫の華開く一九一七年で、下川凹天《おうてん》、北山清太郎、幸内純一の三人が、ほぼ同時期にそれぞれアニメーション作品を発表した。

戦前のアニメーションは、作家が弟子もしくは家族の協力を得、家内工業的に作られていた。また膨大な時間がかかるのと資材の調達にはそれなりに資金が必要なことから、一種の芸術道楽ともいえた。彼らに続いて現れた優れたアニメーション作家に政岡憲三がいる。資産家の息子であった彼は、私財を投じてセルアニメを導入し、アニメーションを分業で制作できるシステムの実用化を進めた功労者でもあった。

やがて日本は戦争へと突入していく。一九三九年に映画法が施行され、許可や検閲無しに誰も映画を制作したり発表したりできなくなったが、皮肉にもアニメーションは戦意高揚に貢献するということで、手に入りにくくなっていたフィルムや制作費が提供され、戦時下にもかかわらず何作品ものアニメ映画制作が行われた。

プロパガンダ的な軍事色の強い作品が居並ぶ中、ひときわ異彩を放ったのが、政岡が手がけた『くもとちゅうりっぷ』(一九四三)だった。短編童話を題材に、テントウムシの少女が言葉巧みに誘惑するクモから逃げ、チューリップにかくまわれるというミュージカル仕立ての物語である。後世に残る名作といわれる詩情あふれるこの作品は、後にアニメーションを目指す人々に大きな衝撃と感動を与えた。

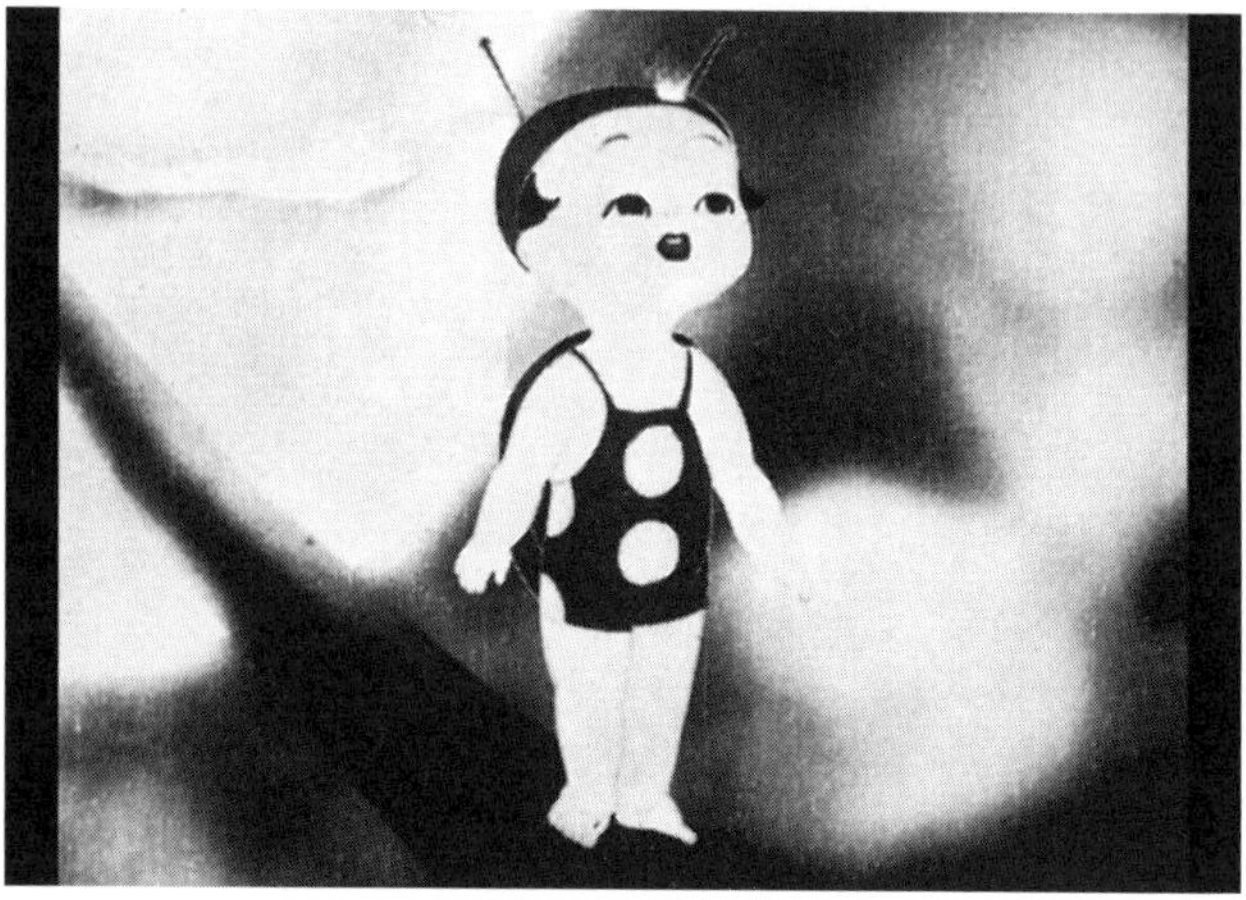

『くもとちゅうりっぷ』(1943年).

そして、この政岡の下でアニメーションを学んだのが森やすじである。優しく温かい画風を持ち、卓越したアニメーション技術から多くの人に影響を与えた彼は、後に『ハイジ』でキャラクター原案を担うことになる。

戦後、東映長編アニメ

戦時中のアニメ作家たちは、たとえ自らの意に沿う内容ではなかったにしろ、国策映画として資金を提供され、アニメを作り続けることができた。だが、戦後焦土と化した東京では、スタジオはおろか機材も失われ、制作者らも散り散りになっていた。さらに、占領下の日本では映画や出版物など徹底的に検閲が行われ、アニメといえども自由に作品を作ることができなくなっていた。そんな中、連合国軍総司令部(GHQ)の意向で、全国に散らばっていたアニメ作家が集められた。戦時中日本軍が行っていたように、占領政策の一環としてアニメを利用し、加えて作品の監視、統轄を行おうというのであった。戦時中の漫画映画界を支えた瀬尾光世、政岡らが中心となり、詩情豊かな『桜』(一九四六)、愛らしい子猫たちの物語『すて猫トラちゃん』(一九四七)など名作が生まれたが、完成した作品がGHQの意向とは合わず、翌年には早々に解散する。日本のアニメは個々の作家が独力で創作して発展してきたこともあり、急ごしらえで寄せ集めの集団作業では互いの作風もやり方も異なり、無理もあったという。戦前から活動していたアニメ作家の中には、この時期にアニメ界を離れていく者も多かった。

一方で、乾ききった大地のような日本の子どもをとりまく文化状況に、ディズニーをはじめとしたアメリカ発のアニメ映画がどっと流れ込んでくる。明るく楽しいフルカラーのディズニー映画は、子どものみならず大人まで瞬く間に夢中にさせた。しばらくはアニメといえばディズニーであった。ディズニーの美しい映像、技術力と完成度の高さを見せつけられた日本のアニメーションは、そのときまさに風前の灯火《ともしび》だったと言えよう。

だが、GHQ主導のアニメ制作が失敗に終わった後、解散した人々の中から、東洋のディズニーを目指そうとアニメ会社を立ち上げる映画会社が現れた。一九五六年に発足した東映動画には、アニメ映画監督の山本善次郎(早苗)、藪下泰司をはじめ、アニメーターの大工原章、森やすじなど、戦前に活躍したアニメ作家たちやその弟子たちが顔をそろえた。アメリカのディズニースタジオを参考に東京都練馬区に大きなスタジオを建て、二年の歳月をかけて『白蛇伝《はくじゃでん》』(一九五八)を完成させる。日本初のカラー長編アニメ映画だった。

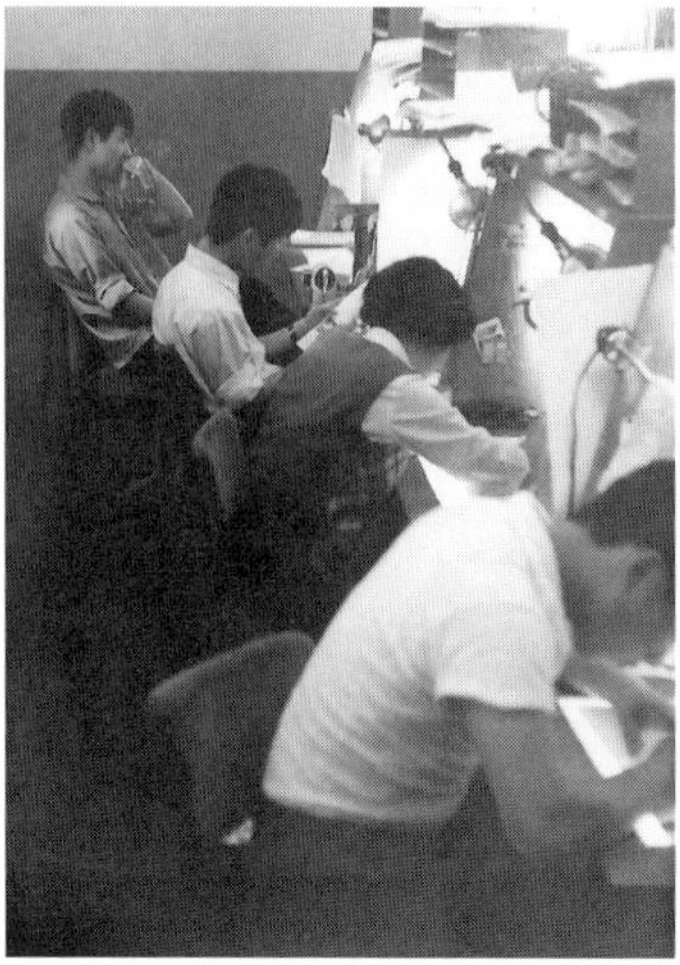

左：東映動画，長編アニメ映画の制作風景(提供：小田部羊一).
右：『白蛇伝』(1958 年).

観客の一人に大学受験を控えていた宮崎駿がいた。観る前は日本のアニメだからたいしたことはないだろうとたかをくくっていたが、その質の高さに驚き、これをきっかけに漫画家からアニメーターへ進路希望を変更したという。

数年後の東映動画には、演出の高畑勲とアニメーターの小田部羊一、そして宮崎駿と、後の『ハイジ』主要メンバーが顔をそろえていた。

手塚治虫の執念

時代は少し戻る。戦争末期のこと、暗い映画館の中でアニメ映画『桃太郎　海の神兵』(一九四五)を観て、感動のあまり涙している男がいた。せっせと漫画を描きながら、絵が動くことへの強い憧れを内に秘めていた十六歳の手塚治虫だった。一九四六年、戦争が終わるとすぐ、彼は東京、三軒茶屋にあった芦田漫画映画製作所の門をたたく。先にふれたように芦田漫画は、後にＴＣＪを技術で支えたアニメプロダクションである。

芦田漫画のアニメーター募集の面接で手塚の三人後ろに並んでいたのが、後日ＴＣＪでアニメの制作室長を任される西島行雄だった。「手塚さんは学生服でした。その頃彼は大阪の医学生で、まだ卒業前だったんじゃないでしょうか」と当時を振り返る。二百人もの応募者の中で、採用されたのは結局西島だけだった。自分の作品を並べ、熱心に頼み込む手塚に対しては「あんたはマンガ映画は向いとらん」とにべもなかった。

主宰者として面接を行った芦田巌はアニメーションという仕事を熟知していた。手塚の絵のうまさはすぐに見抜いたが、それだけでアニメができるとは言えない。アニメと漫画は違う。絵もストーリーも自分一人で完結できる漫画はあくまで個人作業である。すでに漫画家としてデビューをしていた手塚に、チームワーク重視で時に個性を消し、延々と地味な共同作業が続くアニメ制作は向かないと直感したのだろう。だが手塚はよほどアニメ制作への思いが捨てがたかったのか、人気漫画家になった後も自分の絵を動かす夢を諦めきれず、その後もう一度芦田の元を訪れて、アニメをやらせてくれと頼んでいる。だがこのときも芦田は、「甘い」「十年の年季奉公をしてやっと一人前になれる世界だ」と再び手塚を突き返した。

芦田からは門前払いを食ったものの「狂うほど動画作りに意欲を燃やして」いたという手塚は、自分の漫画を原作にした東映動画の長編アニメ映画『西遊記』(一九六〇)で念願のアニメ界へデビューを果たす。そのとき手塚の頭にはすでにテレビアニメの構想があった。自分が作りたいものを作る。そのためには自分のスタジオが必要だ。そう考えた手塚はある日スタジオ作りの参考に見学させてほしいとTCJを訪ねている。スタジオを案内したのは、かつて手塚と同じ日に芦田漫画を受験した西島だった。偶然の再会であったが手塚は西島を覚えていないようだった。「『アトム』をテレビでやりたいんです!」と熱っぽく話す手塚に、西島は「おやめになった方がいい。アニメはこんなに手間がかかるから」と諭しながら、作業風景を見せて回った。後日手塚は、TCJで見た作業机をそっくりそのまま自身のプロダクション(虫プロ)に再現したという。

一九六三年一月、国産テレビアニメ第一号として『鉄腕アトム』の放映が開始された。同年十一月の『東京新聞』紙上で、手塚は「一本目は赤字です」と明かしている。スポンサーが提示した金額を、『アトム』をやりたい一心でわざわざ値下げしたのだと言われるほど、制作費は破格に安かった。

手塚の胸の内には制作資金の不足分は海外輸出と版権収入、いざとなれば自分の漫画原稿料で穴埋めできるという計算があった。手塚は「虫プロは(中略)日本のアニメーションの発展のために作ったプロダクションだ」と語り、利益が出れば、それは今後の実験アニメに回すつもりだという。そもそも手塚にはアニメで儲《もう》けようという発想はなかったのだろう。だが、国産アニメ第一号がこうして安い制作費でスタートしたことは、皮肉にもクライアント側に〝テレビアニメは安いもの〟という前例を残し、後に続くアニメ制作者らを資金面で苦しめ続けることになる。

テレビアニメ黎明期

こうして始まった『鉄腕アトム』だが、毎週一本三十分のアニメーションを制作し放映するのは、当時としては前代未聞だった。劇場映画と違って毎週締めきりが来る。当然スケジュールは厳しく制作時間も限られる。

手塚自身はアニメ制作の経験は乏しかったが、絵描きとしての勘は働いた。ディズニーや長編漫画映画のように滑らかに動くアニメ(フルアニメ)は、必要な絵の枚数も多く、時間と人手がかかりすぎるので、可能な限り動きを省略して労力を減らす手法を考案した。人物のアップでは、顔は動かさず口だけをぱくぱく動かしてしゃべっている様子を表現し、繰り返し使えるカットは再利用する。フルアニメでは一秒間に絵が二十四枚必要になるが、一枚の絵を三コマずつ撮影して、総数八枚で済ませる。この略式のリミテッドアニメーションという手法が以後テレビアニメの主流となる。絵が動かない分、ストーリーやいわゆる見せ場の絵を重視し、視聴者を魅了する。これが日本のアニメーション独自のスタイルとなっていった。

話を高橋茂人のいるTCJに戻そう。『鉄腕アトム』放映と同年の一九六三年九月、TCJもテレビアニメ制作を開始している。TCJがテレビアニメに乗り出したのには理由がある。本業だったコマーシャルは徐々に実写映像が増えてきており、会社は大勢抱えていたアニメ制作者に割り当てる仕事として、テレビアニメ制作への参入を模索していたのだ。そしてTCJは、手塚の『鉄腕アトム』

に後れを取ったものの、『アトム』の同年には『仙人部落』『エイトマン』『鉄人28号』というそれぞれ系統の違う作品を三本もスタートさせている。しかも『仙人部落』は初の大人向き深夜アニメであった。

だがコマーシャルとテレビアニメとでは仕事量が決定的に違う。コマーシャルはせいぜい十五秒から一分未満だが、テレビアニメは三十分近く、主題歌やコマーシャルを除いても二十分以上あるうえ、毎週休むことなく放映日がやってくるのだ。またスポンサーと直結するコマーシャル制作は、コンスタントに注文が入るうえに利益も大きく、予算面においても比較的良い条件で制作ができたが、テレビアニメ制作はお金と手間がかかるばかりだった。

ＴＣＪではこの頃アニメ制作部門は動画部と呼ばれていた。アニメの動きの部分を作画するアニメーターと背景担当、輪郭線を描くトレーサーと色を塗るペインター(仕上げ)で一チームである。一チーム百人もの大所帯で、それを三チーム作り、作品別に担当させた。

アニメの経験があってもテレビアニメ制作は初めてというスタッフばかりの中、ＴＣＪでは国内の技術者を探して新人の教育に当たらせたほか、戦後、満州から引き揚げてきた満映の元スタッフも加えた。三十分の作品を作るのに必要な絵は動画だけでも何千枚にもなる。背景画やセルへのトレス、色塗りなど人海戦術でこなすしかない。手塚の虫プロ同様、ＴＣＪでもすべてが手探りで、いかに効率よく制作できるか知恵を絞った。カットごとに描き手が変わってもキャラクターの絵が違ってしまわないよう、ＴＣＪの小道具担当が作画見本としてキャラクターの人形を作り、皆それを見て描くなど、絵柄の統一にも工夫を凝らした。

制作資金と著作権

黎明《れいめい》期のテレビアニメは、制作の手間を節約するため、極端に動画枚数を減らしたぎこちない動きがまかり通っていた。あまりにも動かないことを揶揄《やゆ》して電動紙芝居とも言われていた。そうでなくても〝テレビ漫画〟と呼ばれていた当時のアニメは、「しょせん子どものもの」というのが大方の認識だった。だが現場のスタッフたちは真剣で、毎回締めきりと闘いながら大変な手間をかけて制作していた。

例えばハンドトレスという工程がある。アニメの動く部分のため、紙に描かれた線画をセルという透明なフィルムへ上から転写する作業だ。その頃セルの線はすべて熟練したハンドトレーサーが直接ペンでなぞって描いていた。テレビアニメ一話につき三千枚近くなるセルへのトレスを大勢で分担する。人件費もそれだけかかる。

だがやがて熱でセルにカーボンを定着させるトレスマシンが開発され、人の手に取って代わっていく。ディズニーの『101匹わんちゃん』などで実証されたこの技術で、鉛筆で描いた線を直接セルに転写させる。ハンドトレスをする手間が省けるうえ、鉛筆のタッチをそのまま生かすこともできた。だが手で描くことで表現できた線の美しさと微妙な質感は失われてしまった。後にＴＣＪ（現エイケン）が制作し、今も続いている『サザエさん』（一九六九―）は、二〇一三年十月のオールデジタル化ま

TCJ のヒット作品『鉄人 28 号』. 右は主人公正太郎のフィギュア. 制作時, 絵の統一を図るために作られたものの一つ(© 光プロダクション・エイケン).

で日本のテレビアニメとして最後までハンドトレスにこだわりぬいて手描きの持つ味わいを守り通した。

テレビアニメがスタートした頃はまださまざまな技術や技法が確立される前で、スタッフは毎回模索しながら翌週の放映にこぎ着けた。ろくに寝ずに心血を注いで生まれた作品には確かな手応えがあり、子どもたちの人気も得た。だがいくら努力しようと、会社に利益をもたらさない限り商業的には失敗となる。

テレビアニメはとにかく金食い虫である。「おまえ、行って赤字を何とかしてこい」。ある日、高橋は社長の梁瀬次郎からそう命じられる。コマーシャル制作でアニメ制作のノウハウを蓄積していたTCJは、テレビアニメでも次々とヒット作品を作っていた。だが大評判を取った『鉄人28号』でさえ、収益となると芳しくなかった。かねがねテレビアニメ部門は不要と思っていた高橋は、黒字化は無理な相談と渋ったが、大学の先輩でもあった梁瀬に「おまえ体育会だろ」と言われて発奮する。先輩命令は絶対だった。番組が後半にさしかかるころ、高橋は総合室長として動画部に乗り込み、原価計算からやり直して赤字体質の立て直しに取り組んだ。

そこで数字を見ているうちに、高橋はあることに気がついた。『鉄人28号』も『エイトマン』も著作権はＴＣＪにはない。いくらヒット作を生み出しても所詮《しょせん》下請けで、制作費をもらって納品したらそれで終わりだった。「プロダクションは作品を作る商売。財産は著作権しかない」。高橋はこの異動をきっかけに著作権の重要性について考えるようになる。

パイロット版『ハイジ』

コマーシャルの営業からアニメ制作をする動画部へ異動した高橋は、テレビアニメの制作管理を行いながら、次の企画を考えていた。アニメ部門の立て直しとして、自社が儲かるためのしくみを視野に入れた企画室を立ち上げると、シナリオライターや企画者を育成しつつ、自分でもアイデアを出していった。気になった原作を見つけてきては、動画部にパイロットフィルム、つまりサンプル映像を作らせていた。

テレビアニメの企画を通す場合、絵だけではクライアントに作品全体のイメージを伝えにくいし、いきなり本編を作って売り込むのもリスクが高い。そのためこのような作品になりますという見本映像として五分程度のパイロットフィルムが作られるのだ。

TCJ で制作された『ハイジ』のパイロットフィルムは後に 8 ミリフィルムで商品化された.

この機を捉えて高橋は長年愛着のあったスイスの児童文学『ハイジ』を提案する。『ハイジ』をアニメにしたいという高橋の願いは、この時に具体的な形を取り始めた。高橋は早速パイロットフィルムの制作に着手する。『ハイジ』のキャラクターデザインは、ＴＣＪに入社して間もなかったアニメーターの芦田豊雄が担当した。後に『魔法のプリンセス　ミンキーモモ』『魔神英雄伝ワタル』などのキャラクターデザインや、『北斗の拳』などの監督を手がける人物だ。

「テストパイロットで一番重視したのは、アルプスの山の中でのハイジと、フランクフルトの街をどう表現するかでしたね。あとはハイジの髪の毛をリボンにした方がいいのか、切った方がいいのか」と高橋は当時を振り返る。結局ハイジは長い三つ編みの少女として描かれた。

だが、高橋はできあがった映像を見て深いため息をついた。フランス租界で育った彼は、描かれた風景に違和感を禁じ得なかった。所詮《しょせん》日本人が想像で描いたアルプスでありヨーロッパの町並みなのだ。そもそも高橋も実際のスイスやドイツを知らない。自分自身がよくわかっていないものをどうやって描いてもらうのだろう。自分も含め、せめてメインとなるスタッフには実物を見てもらわないとダメだと思い知る。結局『ハイジ』の企画は頓挫するが、後にこの反省が生きることになる。

そのころＴＣＪの動画部には、第一動画から第三動画まで制作チームがあった。第一動画と第二動画は品川の本社に、第三動画は青物横丁にあり、総勢三百人の大所帯だった。総合室長の高橋もまだ三十代で、皆若く熱意にあふれていた。だが、テレビ受像機の品質向上と共にコマーシャルに実写の比率が高くなってくると、アニメ部門はどんどん縮小されていった。コマーシャルに比べてテレビアニメは手間がかかる割に利益が上がりにくい。常時このアニメ制作の大所帯を会社として維持していくのは無理があった。『鉄人28号』の後も『未来からきた少年　スーパージェッター』(一九六五―六六)、『宇宙少年ソラン』(一九六五―六七)などヒット作は出たものの、社長の梁瀬は、ついにテレビアニメ部門を切り離し、子会社として独立させることを決意する。

3章　『ムーミン』という試金石

児童文学をテレビアニメに——高橋茂人の独立

高橋がＴＣＪの企画室長だった頃のことである。ある日、アシスタントの半沢麗子が奇妙な生き物の絵が付いた洋書を高橋に見せた。『Finn Family Moomintroll』。邦題は『たのしいムーミン一家』という。小さなカバのようなキャラクターを見た高橋は「日本にない面白さのあるキャラクター」だと色めき立ち、色彩設計（カラーコーディネート）の一色弘安を呼んだ。「これに色をつけてくれ」。仕上げに関わっていた一色は、渡された『ムーミン』の絵を見て、これは面白いアニメになるという予感で興奮したという。一色が夜を徹して完成させた見本のセル画は十枚に上った。

高橋は『ムーミン』に強く関心を持ち、素早く行動した。洋書コーナーに足を運んで目を通し、日本語訳を講談社が出していると突き止めるや、アポイントも取らずに「『ムーミン』の担当者に会わせてくれ」と講談社に押しかけている。担当編集者の鈴木良平はその勢いに押されながらも「『ムーミン』の原作者との版権交渉はエージェンシーを通して行っている」と伝えると、高橋はそれなら自分が直接原作者に会って交渉すると言う。

当時日本の出版社は、エージェンシーを通して外国の版権者と権利の交渉をするのが一般的だった。ましてや日本のテレビアニメで、外国の著作物を原作にして日本で制作した前例はない。だが高橋は、ただちにフィンランドに住む原作者トーベ・ヤンソンに手紙を書き、一色らに描いてもらった試作の『ムーミン』を送り、アニメ化に向けて交渉を開始する。高橋は『ムーミン』をＴＣＪのアニメ制作部門の目玉企画と位置づけて、ひそかに企画室で準備を進めることにした。

アニメ化するには、まずトーベの許諾がいる。トーベと直接交渉に臨み、著作物の使用許可を得るつもりだと言う高橋に、周りは「フィンランドにいる相手とどうやって」と驚いた。「会いに行けばいい」と高橋は思っていたが、海外渡航などまだ一般的ではない時代だ。会社からも「そんな夢のような話」と難色を示されてしまう。

そこに転機が訪れる。一九六九年、ＴＣＪからアニメ部門が「ＴＣＪ動画センター」として独立することになった（一年後、社長となった村田英憲の名前からエイケンと社名変更）。一時期は三百人を超えたアニメ制作スタッフは、エイケンに残る者や他の会社に移る者などさまざまだった。高橋は、これを機に会社を辞め、数人の仲間を誘いアニメの企画マネジメント会社「瑞鷹《ずいよう》エンタープライズ」（以下瑞鷹）を立ち上げた。交渉中だった『ムーミン』の企画も携えての独立だった。

トーベ・ヤンソンに会いに

『ムーミン』の原作者トーベ・ヤンソンは、高橋らが送ったアニメ用の企画を気に入ったようだった。トーベからの手紙の感触で契約できると確信を得た高橋は、彼女に会う旅費にＴＣＪの退職金を全額つぎ込んでいる。これは賭けだった。だが絶対に手ぶらでは帰らないつもりだった。

トーベに会いに行く機内でのことだ。隣に座った十歳くらいの少年が退屈なのかふいにタバコを吸いはじめた。当時機内での喫煙は許可されていたとはいえ、まだほんの子どもである。近くにいた親に問うと、私たちの国の法律では問題ない、と知らん顔している。思わず高橋は少年に話しかけた。少年はタバコを口から離すと、素直な子どもの表情に戻り「父さんの転勤でニューヨークに行っていて、スウェーデンに帰るところ」だと言う。打ち解けて話をしているうちに「ニューヨークで一番楽しかったのは『Gigantor』を観たこと」と少年は笑顔を見せた。

『Gigantor』とは『鉄人28号』のアメリカ放映用タイトルだった。この子はそれが日本のアニメだとも知らないで話している。スウェーデンの少年がアメリカで、自分が携わったアニメを観てそれが一番楽しい思い出だったと言った……。それまで高橋には、アニメは男が一生やるに値する仕事だろうかという迷いがあった。だが、少年の言葉にスッと腹が据わったという。

トーベはフィンランドのヘルシンキに住んでいたが、高橋に会うためにスウェーデンのストックホルムまで来てくれた。アニメ化の契約などどうすればいいのかわからない。それでも通訳を介してなんとか簡単な書面を取り交わすと、これでようやくアニメ制作に踏み出せると高橋の胸は躍った。

とはいえ日本とフィンランドでは生活も風習も違う。例えば日本ではチョウを捕まえるのが遊びだが、トーベに言わせるとチョウを追いかける行為そのものが遊びなのだ。それがフィンランド流の考え方なのだという。高橋は「行って話してみないとわからなかった」と振り返っている。トーベは終始好意的で日本でのアニメ化を喜んでくれた。そしてどこかムーミンに似た風貌を持つ高橋を気に入ったようで、来日の折には高橋の家に遊びに来た。二〇〇一年にトーベが亡くなるまで家族ぐるみの交際が続いた。

だが原作者の許可が下りても、即アニメ化というわけにはいかない。当時『ムーミン』は日本ではほとんど無名の翻訳小説で、後にムーミンの声を担当することになった岸田今日子は、アニメ化が決まる前に原作を読んでおり、その感想に「面白いのに誰も知らないと言うの」と書いたほどであった。

ぼく、ムーミンだよ

起業したばかりの高橋にとって、第一作にしようと選んだフィンランドの児童文学『ムーミン』は今後の試金石となる重要な作品であった。

元来高橋にはなんでも試してみようというチャレンジ精神があった。高橋自身はそれを「野次馬根性」と評する。「やってみないとわからない。前例がなきゃ試してみればいい。たとえ失敗したって責任をとればいい」が持論だった。それは高橋の父茂雄の口癖でもあったという。

同年、日曜夜七時半のフジテレビ系列では、「カルピスまんが劇場」という枠で、手塚治虫原作のアニメ『どろろ』が放映されていた。だが日曜のゴールデンタイムだというのに視聴率はふるわず、一桁台で低迷していた。その様子にフジテレビもアニメ枠をやめようかと考えていたという。

そんなフジテレビの思惑に反してスポンサーのカルピスは次回作もアニメをと考えていた。当時カルピスの需要が大幅に伸びていて、作るそばから品切れが出たという。カルピスの営業は〝納品できないおわびをすること〟が仕事と言われたほどだった。そのスポンサーが一社提供でアニメ番組をと言えば、テレビ局としても文句はない。ＴＣＪ時代からコマーシャル制作を通じて親しかったカルピスに、高橋は満を持して『ムーミン』を提案した。

『どろろ』の後番組の候補は二つ。一つは『ムーミン』。そしてもう一つは永井豪原作のギャグ漫画『ハレンチ学園』だったという。少年漫画にもかかわらず過激な描写があり問題作といわれた『ハレンチ学園』が候補に挙がった経緯は不明だが、結局カルピス側は伝統ある会社として企業イメージと合う児童文学を原作としたファンタジックな『ムーミン』をやりましょうということになった。当時カルピスの宣伝部長だった千葉卓の決断だった。そしてそれが、以後その時間枠が『ハイジ』ほか世界名作文学のアニメ化枠となることを方向づける。

『ムーミン』の放映に際し、「ぼくカバじゃないよ、ムーミンだよ」という宣伝が打たれた。カバに似た不思議な容貌のムーミンは、トロールという妖精だ。そして物語は時に哲学的であり、北欧の長い冬のように静かで深い影を持つ。スポーツ根性ものやギャグ漫画、劇画アニメが全盛だった当時、『ムーミン』をテレビアニメにしようというのはテレビ局や広告代理店にとっても大きな賭けだった。担当者らはムーミン谷にその頃子どもたちに大人気だった新幹線を走らせようとか、ムーミンがショックを受けるとぺちゃんこになるというギャグ漫画にしてはとアイデアを出してきた。そういう意見が真剣に検討されるほど『ムーミン』は異色の企画だったのだ。

井上ひさしと『ムーミン』

『ムーミン』という難しい作品の演出を引き受けたのは、人形劇出身の演出家おおすみ正秋だった。おおすみは『ムーミン』の後『ルパン三世』の第一作で演出を務め、そのハードボイルドなルパン像は、今も高い評価を得ている。『ムーミン』では、この話を受ける前から原作に触れ親しんでいたおおすみが、作品のイメージ作りに大きく貢献した。

一九六九年十月、『ムーミン』は、『どろろ』に次ぐカルピスまんが劇場第二作として、一九六四年に人形劇団から発足したアニメ制作会社東京ムービーが制作を担当、おおすみの演出、大塚康生のキャラクターデザインでスタートした。大塚は東映動画で長編アニメ映画初期から活躍し、後に『ルパン三世』『未来少年コナン』などに参加、宮崎駿をはじめ多くの後進を育てた名アニメーターである。

原作のムーミンは首が短く、その上ムーミンのパパもママも皆、同じ姿に描かれている。このままアニメにすると区別が付かない。だが勝手に絵を変えてもいけないと、おおすみらはパパのシルクハットやママのエプロンなど、原作の挿絵で彼らが身につけたことがあるデザインを参考に、キャラクターを描き分けることにした。ムーミン独特の丸みは大塚が動きで再現した。ともすれば平面的になる絵柄に奥行きを感じさせた大塚の技術を「抜群にうまかった」とおおすみは絶賛している。

トーベ・ヤンソンの世界観をどう表現するか。おおすみは、流行していたヒッピーの思想をヒントに、ムーミンたちの暮らしをヒッピーの作ろうとしている理想社会に置き換え、旅をするスナフキンには、ヒッピーの象徴であるギターを持たせた。

当時、瑞鷹は有楽町にあった。おおすみは階下にある喫茶店を打ち合わせの場にしていた。彼はそのころ人形劇の仕事と『ムーミン』を掛け持ちしており、瑞鷹の向かいにあった日劇で公演する芝居を担当していた。楽屋の窓にタオルが掛けられるのを合図に打ち合わせを中断して稽古に飛んでいく。そんなおおらかな空気があった。

「ねえ、ムーミン　こっちむいて」。大ヒットした主題歌の歌詞は、小説家であり劇作家だった井上ひさしの作詞である。高橋はＴＣＪにいた頃、井上と何度か一緒に仕事をしたことがあった。井上の言葉の使い方が面白いと、『ムーミン』では作詞だけでなく脚本も依頼している。

ところで井上と高橋の間にこんな逸話がある。ある日高橋と井上らが酒の席で「こんな税金の高い国は嫌だな」「どこか無人島を買って独立国を作るか」と、その方法を真剣に議論したことがあった。その話が面白かったのか、後日井上が「あれを本にしたい」と言ってきた。後に井上は東北の村が独立宣言をする小説『吉里吉里人』を発表している。

トーベからの「クレーム」

『ムーミン』は好評をもって受け入れられた。視聴率は悪くなかった。スポンサーのカルピスも喜んでいる。広告代理店も高橋も手応えを感じ、ホッと胸をなで下ろしていた。ところがそこにトーべ・ヤンソンから手紙が届いた。

「ムーミン谷、ムーミン的考え方がすべてちがって表現されている……よくムーミンの本を読み、ムーミンの世界に溶け込み、そのフィーリングを感じて」。制作した何本かをトーベに送ったのだが、それを観ての返事だった。原作者として自身の作品に対する意見を述べたもので、どうしてほしいかという具体的な提案が後に続いていた。

高橋は企画当初、日本だけでなくヨーロッパ市場も視野に入れていた。ムーミンの絵柄も何種類か用意したデザインの中からトーベに選んでもらったほどで、原作者の意見を尊重しようという思いは強かった。「『ムーミン』はノーマネー、ノーカー、ノーファイトの世界。内容もなるべく原作に近いものを作りたい」。だが原作の世界観そのままでは日本の子どもたちに理解できないだろうとも感じていた。日本でアニメ化する以上、ある程度の妥協もやむを得ないだろう。

トーベの訴えは、原作者としてもっともな内容だった。本来の『ムーミン』はこういうものですと、彼女は原作者として当然の主張をしたのである。後に「日本の子どもたちが喜ぶならそれはそれでかまわない」とも言ったという。

『ムーミン』は次第に人気が上がってきていた。前作『どろろ』に引き続き当初は半年、二クールで放送終了予定であった(テレビ番組は十三回三カ月を一つの放送単位とし一クールと呼ぶ)。だがカルピスは『ムーミン』をすっかり気に入って、一年に延長を求めた。しかし、制作を担っていた東京ムービーは当初から二クールの予定で進めており、すでに次回作『ルパン三世』の制作が決定していた。もとから『ムーミン』は『ルパン三世』を制作するまでの間に入れた仕事で、そのためおおすみ正秋、大塚康生ほか、『ルパン三世』の制作メンバーがそのまま参加した経緯があり、延長は不可能であった。

トーベが高橋に贈った自作の像．二人の交流は終生続いた．

しかしテレビ局としては何とか『ムーミン』を続けたい。そこで白羽の矢が立ったのが手塚治虫のアニメ制作会社、虫プロだった。だが放映中に制作会社を変更するというのは異例のことで、演出、作画を始めとするスタッフの入れ替えに伴い、絵柄やキャラクターの性格まで変わるなど現場も混乱したという。

高橋の手がけた『ムーミン』は、現在再放送はされていない。その原因として、トーベの「クレーム」があったからだとささやかれるようになるが、先に述べたようにトーベと高橋の交流は終生続くほどだった。実際は制作会社の変更による混乱を収拾するために「クレーム」が理由として使われたというのが本当のところのようだ。高橋の『ムーミン』が放映されない理由は、ある時期から本国フィンランドで、トーベ自身のキャラクターのみが公式とされ再放送できなくなったことによる。

世界に通用するアニメを作りたい

『ムーミン』の制作は、東京ムービーから虫プロへと制作会社を変更して続けられた。当初に高橋が意図したような原作を生かした内容ではなくなったが、その後ずっと『ムーミン』は人気キャラクターであり続けている。アニメ化を実現させた高橋の果たした役割は決して小さくないだろう。

『ムーミン』の好評を受けて、後番組に企画されたのは、アンデルセンの書いた童話を妖精のキャンティとズッコに案内させるという趣向の『アンデルセン物語』だった。キャンティとズッコは、漫画家で漫画文化評論家でもある牧野圭一がデザインし、他のキャラクターはTCJでもアニメーターとして活躍していた関修一が描いた。関はまだ二十代前半ながら抜群に絵がうまいと注目を集め、後に世界名作劇場『ペリーヌ物語』『トム・ソーヤーの冒険』をはじめ、多くのテレビアニメのキャラクターデザインを務め、巧みなデッサンで人間味あふれる人物像を描いて大成している。

この頃、エイケンから瑞鷹に移籍した人物に大場伊紘《ただひろ》がいる。大場は日大藝術学部の映画学科在学中に、当時フランスにいた兄から「飛行機代だけ持って一年くらいこっちに勉強に来い」と誘われていた。その飛行機代を稼ぐためにアルバイトで入ったのがエイケンだった。だがいったんアニメの制作に入ると昼夜もなく、家にも帰れないほどの忙しさとなる。アルバイトのつもりが知らないうちに契約社員にもなっていた。そうしているうちにアニメの仕事が面白いと思うようになり、この世界でやっていこうと決意する。結局フランスには行かなかった。エイケンで大場は『サザエさん』を担当していたが、同時期に放映していた『ムーミン』を観て、これは面白そうだと瑞鷹への移籍を決めたという。

欧州で3D作品としてリメイクされた『ビッケ』は，現在も人気作品(ベルギーにて)．

その頃、瑞鷹にドイツの会社から『小さなバイキング』というルーネル・ヨンソン原作の児童文学をアニメ化する企画が持ち込まれた。『小さなバイキング』は、小さくて力も弱いバイキングの子ビッケが知恵でピンチを切り抜けていくという物語だ。『ムーミン』に続き虫プロに制作を依頼し、大場がプロデューサーを担当した。キャラクターはドイツの会社が持ち込んだデザインを関がアニメ用に直して描き起こしたもので、ポップで垢《あか》抜けたかわいらしい絵柄は日本だけでなく、海外でも評判が良かった。

日本で『小さなバイキングビッケ』として放映されたこのアニメは、現在ドイツ語圏でも定番アニメとして認知されており、多くの人はこれが日本製のアニメだと知らない。関の描いたビッケはそのままのデザインで3D映像や実写映画になるなど、現在も人気を誇っている。高橋の目指した海外で通用する作品づくりは、この『ビッケ』でひとまず成功をみたといえるだろう。

偶然がつないだ糸

『アンデルセン物語』の後、再び『ムーミン』をという声を受けて『ムーミン』の新シリーズ(以下『新ムーミン』)が、引き続き虫プロの制作で開始された。『ムーミン』以降、次々と高橋の企画が日曜夜七時半のゴールデンタイム枠に流れていた。すべてが順調に見え、『新ムーミン』の次の企画をと考えていたところに、虫プロの経営が思わしくないらしいという知らせが届く。

その頃『新ムーミン』だけでなく『ビッケ』も虫プロに制作を依頼していたが、『ビッケ』はドイツの会社との契約もある。滞りなく作品を納品するには制作会社を自前で持つしかない。判断が迫られていた。そこで高橋は企画会社である瑞鷹エンタープライズに加えて、一九七二年、アニメ制作スタジオ、ズイヨー映像(以下ズイヨー)を立ち上げた。

『鉄腕アトム』からわずか十年、テレビアニメの放映本数は増える一方だったが、まだ十分な数の技術者は育っていない時代だった。ズイヨーではTCJ時代からアニメ制作に関わってきてノウハウを知る大場伊紘と関修一が現場を担当することになる。十代からアニメの世界に飛び込み「見よう見まねでアニメの技術を身につけた」という関は、キャラクターデザインからアニメの動きをつける原画、画面指示のレイアウトまで、一人何役もの大車輪の働きをした。

この頃新たに、『ハイジ』制作で重要な役割を果たすことになる人物が瑞鷹エンタープライズに加わる。のちに『ハイジ』で担当プロデューサーを務めた中島順三である。

大学時代の中島順三(撮影：佐藤昭司).

中島は大学を卒業後、実写ドラマのスチール撮影の職に就いていたが、友人に誘われて映像制作会社テレビ動画に移り、そこでアニメと出会っている。マニュアルもないテレビアニメ草創期の現場では、関や大場同様、中島も自分で工夫して技術を身につけるしかなかった。担当したのは『海底少年マリン』(一九六九)の編集で、フィルムの扱いやアニメの工程は現場で覚えていった。だがもともと実写を目指していた中島は、コマーシャル制作部門に異動を希望する。さらに別の会社に移った後も、撮影現場の制作、つまり全部署に関わるポジションとして多くの事を学びながら、幅広い実務の経験を重ねていた。

その後中島は、「知り合いの会社がコマーシャル経験のある人間を募集しているから一緒に行こう」という友人の誘いを受け、瑞鷹エンタープライズの入社試験を受けた。その頃高橋はアニメの制作だけではなく、コマーシャル制作にも事業を拡大しようと考えており、実写の経験者を集めていたのだ。しかしその計画は頓挫し、図らずも中島は再びアニメの現場に立つことになる。

『新ムーミン』の次回作、そしてズイヨー制作の第一作目に選ばれたのが、『山ねずみロッキーチャック』である。アメリカの作家ソーントン・バージェスが子どものために書いた「バージェス・アニ

遠藤政治が描いた『山ねずみロッキーチャック』のスケッチ.

マル・ブックス」が原作で、森の動物たちが主人公の物語だ。多少擬人化されてはいるが、あくまで動物としてリアルな動きをする。アニメにするにあたりどういうデザインにすればいいか。絵を決める期限が迫り、担当の大場は頭を抱えていた。その様子を見た中島が声を掛ける。「いい人を知っているけどよかったら聞いてみようか」。中島の頭に浮かんだのは大学時代からの友人である佐藤昭司だった。彼ならいい絵を描ける人を知っているはずだ。佐藤は当時、後に『あらいぐまラスカル』の監督、キャラクターデザインを担当する遠藤政治や、『超時空要塞《ようさい》マクロス』などを手がけることになる演出家・石黒昇ら数人とアニメ制作ユニット「動画技術研究所」を組んでいた。

中島と佐藤との出会いは、日本大学藝術学部の入学式である。中島が掲示板を見ていると、たまたまそばにいた学生が「売店はどこですか」と声を掛けてきた。それをきっかけに二人は意気投合する。卒業後も会社こそ違ったが互いにアニメ制作に携わっていた。『ロッキーチャック』の制作から、その後四十年にわたって共に名作アニメを作り続けた盟友との出会いは、そんな偶然が始まりだった。

佐藤は中島から話を聞くや、これは面白そうだと興味を持ち、遠藤を説得すると、彼と共にズイヨーに移籍をする。遠藤は漫画家出身で、単に絵がうまいだけではなく演出、構成など作品の世界観まで作ることができた。しかも動物画が得意である。遠藤にはキャラクター原案だけでなく、演出も依頼することになり、作品のおおまかなイメージは固まった。

アニメの神さまがやってきた

『山ねずみロッキーチャック』の話を受けた遠藤は、このアニメを成功させるには「あの人の力がどうしてもほしい」と考えた。「あの人」の名は森やすじ。日本初のカラー長編アニメ映画『白蛇伝』のチーフアニメーターとして活躍し、当時すでに「アニメの神さま」として尊敬されていた。森は柔らかな線で動物や子どもを描くのを得意としていた。「この動物物語こそ森さんにふさわしいアニメだ。ぜひ森さんに来てほしい」遠藤は佐藤と連れだって、森の元へ向かう。

当時、森は東映動画に所属していた。だが自身が長年携わってきた長編アニメ映画制作が次第にテレビシリーズに取って代わられ、東映動画はロボットものや漫画を原作にしたアニメを制作するようになっていた。森には抵抗があり、ずいぶん悩んでいたという。

自宅で絵を描く森やすじ．赤い帽子がトレードマークだった（提供：森 淳）．

佐藤らは積極的に働きかけた。森の自宅に日参し、今度ズイヨーで動物ものをやるので来てもらえないかと頼んだのだ。長年所属し、一緒に作品を作ってきた東映動画への義理もある森は簡単には承知しなかったが、彼らのねばり強い説得にとうとう心を動かした。

森は長編映画で磨いた卓越した技術を持っていた。それに加えて気取らない人柄、優しさと謙虚さ、面倒見の良さから多くの人に慕われていた。「あの森さんがズイヨーに行った」。これが大きなインパクトとなる。「森さんがいるならそこで一緒に仕事したい」。優秀な人材が次々と森のいるズイヨーに集まってきた。

幻となった『長くつ下のピッピ』

話は少しさかのぼるが、東映動画には後に『ハイジ』のメインスタッフとなる高畑勲、小田部羊一、宮崎駿も所属していた。高畑は悩んでいた。三年もの歳月をかけ全身全霊を込めて演出した長編アニメ映画『太陽の王子　ホルスの大冒険』（一九六八）の興行成績がふるわず、制作の遅れの責任も問われていた。高畑が初めて演出を務めたこの作品は、作画監督を大塚康生が担い、新鋭のアニメーター宮崎駿が場面設計、原画に参加。原画では森やすじ、小田部羊一らベテランも腕をふるった。

今では不朽の名作としてアニメ史に輝く作品だが、当時の評価は厳しいものだった。そのうえ高畑は労働争議に関わっていたこともあり、会社から睨《にら》まれていた。長編映画の予算は削られる一方で、漫画を原作にしたテレビアニメに制作の主軸が移っていた。ならば自分はもう長編映画を作らせてもらえないだろう。

高畑同様、小田部や宮崎も危機感を募らせていた。その頃、小田部は先輩のアニメーター楠部大吉郎が興した会社A《エー》プロが『ムーミン』に参加していると聞き、うらやましさでそわそわしたという。『巨人の星』『アタックNo.1』といったスポ根ものがヒットする時世に、生活を丁寧に描いた児童文学がテレビアニメになることに大きな可能性を感じたのだ。宮崎も同様だった。「『テレビだからこんなもんだよ』という作り方ではなく、もっと意味のある作品を作れるかもしれない」。宮崎の目にも『ムーミン』は、一つの希望に映っていたという。

そんな彼らに契機が訪れた。高畑らの力を高く評価していた楠部と大塚から、企画中の『長くつ下のピッピ』を手伝ってほしいと声がかかったのだ。『長くつ下のピッピ』はアストリッド・リンドグレーン原作のスウェーデンの児童文学で、東京ムービーが企画しAプロが制作を請け負うことになっ

『長くつ下のピッピ』イメージボードより(提供：小田部羊一).

ていた。

高畑、小田部、宮崎の三人はこれを機に東映動画からAプロへ移籍し、水を得た魚のように制作に打ち込んだ。高畑は構想書きに没頭し、宮崎は原作者のいるスウェーデンに飛び、小田部もたくさんのキャラクターのスケッチを描いた。だが、結局リンドグレーンからアニメ化の許諾が下りず、企画は頓挫してしまう。悩み抜いて東映動画を飛び出してきた彼らの落胆と戸惑いは大きかった。

『ピッピ』で作った設定は、パンダ来日ブームに沸く折、パンダを主人公にした『パンダコパンダ』という劇場用短編アニメとなって世に出た。楽しいアニメとして子どもたちの人気を集め、喜ばれたのがせめてもの救いだった。

『パンダコパンダ』が終わった後、三人はそのままAプロに残り、Aプロが手がけていた『ルパン三世』『赤銅鈴之助』等を手伝いながら自分たちの進む道を模索していた。

そんな彼らの状況を変えたのが、ズイヨーに移籍していた佐藤昭司である。佐藤も『ピッピ』の制作に参加しており、高畑らの仕事ぶりをよく知っていた。折しもズイヨーでは『山ねずみロッキーチャック』の次の企画に、『ハイジ』が挙がっていた。『ハイジ』を高畑さんにやってもらいませんか。佐藤は社長の高橋にそう提案をする。

高畑らの参加は、ズイヨーにも、そして高畑ら自身にも大きな意味を持つことになる。

II 『ハイジ』を作った人々

4章　企画を通す

「女の子ものは受けない」

一九七三年、高橋茂人は満を持してテレビ局に企画を提出した。子どもの頃から愛読し、長年構想を温めていた『ハイジ』である。高橋のコンセプトを、森やすじが絵にしてパイロットフィルムが完成した。TCJ時代に制作したものとは一線を画したデザインで、主人公のハイジのイメージはこれでほぼ固まった。三つ編みの少女が丸窓から顔を出すしぐさが愛らしい。

だが『ハイジ』の企画を見たテレビ局は「まあヒットは無理でしょう」と端《はな》から疑ってかかった。「女の子が主人公で当たったことがない」のだと言う。今からすると言いがかりにしか聞こえないような話で、高橋も「当たるか当たらないかは内容の問題だ」と切り返した。

高度成長は終わりを告げ、世の中は「モーレツからビューティフルへ」といわれる時代になっていた。これからはがむしゃらに働くだけではなく、人間的な生活スタイルが見直されるだろう。高橋は「大自然と、健康で温かい心を描いた『ハイジ』は必ず受けるはずだ」と確信していた。

それにもう一つ、『ハイジ』は物語の舞台が山から都会、そして山へと変化する。高橋には視聴率

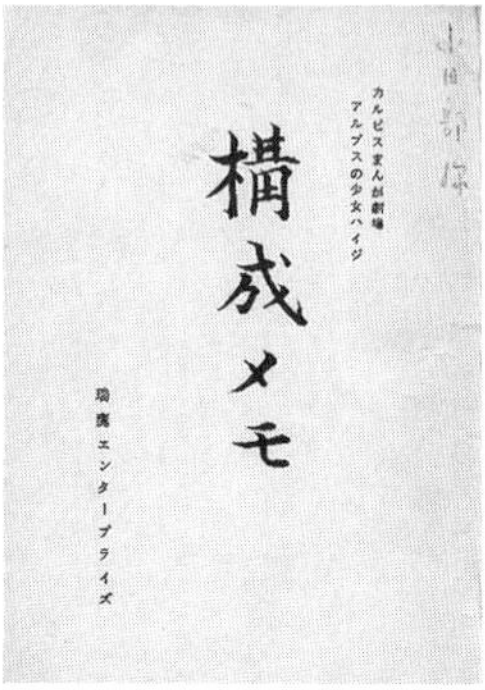

上：高橋が脚本家松木功と企画決定段階で作っていた『ハイジ』の構成メモ.
左：商品化のための販売促進用パンフレット. まだタイトルロゴもキャラクターも決定稿前の段階で制作されたもの.

森やすじが描いたパイロット版の『ハイジ』.

が悪くなればそこで舞台を移して調整できるという計算もあった。「『ハイジ』は今、日本でやるだけの意味がある作品だ」。高橋は粘り強くテレビ局を説得し、ついに『ハイジ』制作が決定した。TCJ時代にコマーシャル制作を通じて得た、スポンサーのカルピスとの信頼関係も後押しとなった。瑞鷹《ずいよう》のアニメ制作部門ズイヨー映像は、まだ設立して一年もたっていなかった。だがすでに、東映動画から来た大ベテラン森をはじめ、遠藤政治や桜井美知代、坂井俊一ら経験豊富なアニメーターが集まってきていた。ほかにも仕上げの小山明子、編集の経験を持つ中島順三、長年アニメの現場で制作を担当してきた佐藤昭司と大場伊紘など、実力のある人材が勢ぞろいしていた。

その結果、作画、仕上げなどのチェックを社内のそれぞれの責任者が担当し、クオリティを維持するというメインスタッフ制が可能となり、パートごとに丸ごと外注に出してしまうのが当たり前だった当時のテレビアニメ制作において、メインスタッフが持ち場の全責任を持つという異色の体制が『山ねずみロッキーチャック』で実現し、その制作体制が作品の完成度に大きく寄与した。リアリティのある日常ドラマを作ることにこだわり、それを結実させたことで、スタジオには「良いものを作る」という熱気と興奮が満ち満ちていた。そこに高畑勲、小田部羊一、宮崎駿が加わったのだ。

高畑勲の葛藤

だが演出を依頼された高畑は、子どもたちによいものをという高橋の企画理念には共感しつつも、二つ返事で引き受けたわけではなかった。「『ハイジ』は実写でやるべき作品ではないか」。高畑には

『ハイジ』をアニメでやるという意義が見いだせなかったのだ。それに加え、東映動画で長編映画に携わっていた高畑からすると、日本のテレビアニメは予算が少ないうえ、制作に十分な時間を割くことができない事態が危惧された。たっぷり時間と予算を投じて一本の映画を作るのと、毎週三十分のアニメを作るのとでは、仕事の質と量が違いすぎる。

納期が短く、予算が少ないということは、作画に枚数をかけられないということだ。動きは雑になるし、さらにどこかで手を抜く必要に迫られるだろう。それでもなお良心的な作品づくりをしようと思えば、スタッフにはそれこそ超人的な仕事量を要求しなければならない。おおよそ酷《ひど》い制作体制になるだろう。

加えて『ハイジ』の作画は、日常生活の積み重ねの絵になるはずだ。食べる、歩く、座るなどの動作は、役者が演じる実写ではたやすいかもしれないが、アニメになると話は別だ。

興味深いことだが、実はアニメにおいては、派手なアクションほど絵としてごまかしがきくのである。例えばヒーローの変身シーンのような非日常的な動きなら、決め手になるポーズさえ押さえれば多少極端な絵でも様になる。

だがハイジはあくまでわれわれと同じ現実世界で、普通に生活している少女という前提だ。日常の動作をアニメで表現するには、熟練した技術が必要であるうえ、手間がかかる割には目立った視覚効果も期待できない。また下手に描いたときの違和感も目立ちやすい。芝居が細かくなればなるほど作画の枚数も多くなる。コップを手に取り水を飲むという一連の動作を絵にする場合を例にとると、ゆっくり飲むのか、急いでいるのかで描き方は違ってくる。さらに「別のことに気を取られながら、無意識にコップを口に運ぶ」というような心理描写を絵で再現しようとすれば、紋切り型ではない演技が求められる。しかもそうした演出に絡むシーンは同じ絵を他の場面で流用しにくいので、その都度新たに作画することになる。日常生活を追う『ハイジ』の絵作りは、このような報われない作業が延々と続くということを意味していた。

もう一つ高畑をためらわせていたのは『ハイジ』という作品そのものでもあった。アニメ作品として、子どもを教化しようとする傾向が強い十九世紀の児童文学を取り上げることに疑問を感じたのだ。もし扱うのなら『長くつ下のピッピ』のように、子どもの心を解放するような作品を選ぶ方がよいのではないか。それもできればファンタジーがいい。とはいえ、高畑自身『ハイジ』をやりたいという気持ちもあった。子どもの頃から好きな物語の一つだった。つまりは原作を愛する故の葛藤だったのだ。そうして慎重に読み返して準備作業を進めるうちに、次第にアニメにする意義と可能性が見えてきたという。登場人物の心の動きを丁寧に描き、視聴者に主体的に観てもらえるよう演出し、何が起こるかを自分で発見してもらおう。よく考えて工夫すれば、アニメでこそ可能な表現があるはずだ。高畑は演出を引き受ける以上、テレビアニメだからといって一切妥協をするつもりはなかった。

放映中の『ロッキーチャック』の制作と次回作『ハイジ』の準備が同時進行となるため、制作はそれぞれ別班を組むことになった。『ロッキーチャック』のメインスタッフであった森、遠藤らは『ハイジ』班には入らない。『ハイジ』制作の主要メンバーには、高畑と小田部、宮崎の三人が顔を揃えた。そこで彼らは、『長くつ下のピッピ』の企画が中止となってやむなく抑え込んでいた情熱を思う存分注ぎ込むことになった。

『ピッピ』の準備を通して人間の少女を描くということを、高畑らは研究し尽くしていた。『ピッピ』の挫折は、今やはち切れんばかりのエネルギーに変わっていた。

原作と宗教問題

原作者シュピーリが『ハイジ』の物語の中心に据えたキリスト教的要素をどう扱うか。これはテレビアニメ化するうえで避けて通れない課題であった。キリスト教に馴染《なじ》みのない日本での放映に加え、高橋は海外も視野に入れていた。宗教事情は国によってかなり違う。キリスト教一つ取っても、例えばカトリックとプロテスタントでは相違点も多い。

敬虔《けいけん》なクリスチャンである母の影響を受けて育ったシュピーリは、原作『ハイジ』でキリスト教による魂の救済を描いた。原作では、フランクフルトでホームシックに苦しむハイジが、クララのおばあさまに信仰の大切さを教えられる。ハイジのおじいさんもハイジの信仰に触れて回心し、山を下りて教会に行くのである。アルムの山や森といった自然の持つ回復力は、キリスト教の信仰と相乗してハイジとおじいさんに幸せをもたらす。救いはやがて、クララのお医者様やクララの身にも訪れるのである。信仰は原作の大きな柱になっている。

ハイジの喜びや幸せに、日本の子どもたちが共感するには、どう描けばいいのだろうか。ハイジの心の支えを具体的な宗教ではなく、もっと象徴的なものに置き換えられないだろうか。高橋と脚本家の松木功は『ハイジ』の構成を練りながら、そのように思案していた。そうして選んだシンボルが樅の木だった。アルムの小屋の裏に三本の大きな樅の木を置き、これをハイジの心の支えにするのだ。ハイジは心が揺れると樅の木の音に耳を澄ます。フランクフルトでことあるごとにハイジが思い出すのも樅の木の音だ。

揺るぎなく天に向けてそびえ立ち、アルムを抱擁する守護神のような樅の木。絵としても映える。樅の木を据えたことで、日本の『ハイジ』は世界で受け入れられる普遍性を持ったといえよう。

一方、あえて高橋が原作のキリスト教色を尊重した箇所もある。目の見えないペーターのおばあさんにハイジが読んで聞かせる詩は、原作の通りパウル・ゲルハルト作の讃美歌「お日さまの歌」を採用した。ヨーロッパで『ハイジ』が放映された際には、ハイジがペーターのおばあさんに朗読する詩の内容がグリム童話やお化けの話などに差し替えられたが、日本では原作のまま使用したのだ。「あれはハイジがおばあさんを大事に思って読む言葉です。それは宗教を超えていると思う。『お日さまの歌』でハイジの真心を表現したかった」と高橋は振り返っている。

一方、高畑も、神さまを信じれば救われるという単純で明快なシュピーリの善意に共感しつつも、例えばクララのおばあさまに、心の解放者として原作以上に大きな役割を担わせ、フランクフルトでハイジに与える本を原作のキリスト教を題材にした物語からグリム童話に変更するなど、演出で慎重にキリスト教色を抑えていった。

5章　本物を作ろう

テレビアニメ初の海外ロケーションハンティング

『ハイジ』の企画が動きだした。高橋は長年の夢であった『ハイジ』を、たとえ赤字になってもいいから、海外で評価されるような良質の作品として世に出したいと考えていた。良質なものを作れば必ず結果はついてくる。良いものを作ろうという思いには並々ならぬものがあった。

『ハイジ』の制作として現場をまとめることになった佐藤昭司には、忘れられない言葉がある。「外国の物語を日本人の手で作るとしたら、やっぱりアニメしかない」。高橋になぜ『ハイジ』を作るのかと問うたときの返事だった。高橋の目は常に海の外を見ていた。

海外、とりわけヨーロッパでの放映を視野に入れて『ハイジ』を企画するという話は、これまでのアニメの制作とは違うのだという緊張を現場にもたらした。『ムーミン』や『ビッケ』のようなファンタスティックな作品とも、『ロッキーチャック』のような動物ものとも違う。『ハイジ』は等身大の子どもの物語だ。舞台である十九世紀スイスの生活空間や風景にリアリティを感じさせながら、ハイジたちの日常生活を絵で表現し積み上げていかなければならない。

「やるからには本物を作ろう。ばかばかしい間違いが絵の中にあってはいけない」。『ハイジ』の担当プロデューサーを任された中島順三は、そう肝に銘じていた。例えば、描く場面が春なのか秋なのか、絵の中に描き込む花はその地域に生えている植物かどうか、そういうこともウソがないようきちんと調べようと思ったという。

背景担当として参加した川本征平（当時、背景制作会社「アトリエロータ」社長）も同様だった。彼はそれまでハリウッド映画に出てくる「日本人」を見て、中国と日本がゴチャゴチャになったようないいかげんな風貌に描かれているのが気になっていた。他にも日本人を平気で襦袢《じゅばん》、つまり下着で登場させて外を歩かせたりする。彼らにとってはそれが着物のつもりなのだろうが、そういう風に描かれた映画を観るたびガックリきたと川本は言う。だからこそ自分たちがスイスのものを作るならば、現地の人が見ても納得してもらえるよう、真剣に作ろうと決意したという。

その頃には、高橋はすでに何度かスイスに足を運んでいた。若い頃から登山に関心があった彼は、仕事でヨーロッパに行った折に暇を見つけてはスイスを訪ねたのだという。また、幼少時には欧州そのものであった租界で暮らしていた。当時の一般的な日本人よりは『ハイジ』的な世界に馴染《なじ》みはあった。しかし『ハイジ』の住んでいる世界はこうだと口で説明するのは難しい。制作スタッフに実際に行ってスイスを見て感じてもらったらどうだろう。いいものを作るための投資は厭《いと》わない。高橋はスイスへのロケハンを提案した。

「スイスの空を、山を見てきてくれ。全然違うぞ」当時日本のテレビアニメ制作で海外にロケハンするなど前例がなく、思いも寄らぬ提案にみんな驚いた。

そしてスイスへ

『ハイジ』のロケハンに参加したのは、メインスタッフを務める高畑、小田部、宮崎、そして中島の四人だった。海外で通じる作品にすると息巻く高橋に対して、高畑は「海外の人に観てもらうことより、まず日本の子どもたちに観せること」だと考えていた。双方の考え方に相違はあったが、テレビアニメという制約の中で、できるだけ間違いのないように描こうという思いは一緒だった。高畑らは先発した高橋と作曲家の渡辺岳夫と現地で落ち合うことになっていた。七月半ば頃、彼らはスイスへと出発した。

高畑、小田部にとっては初めてのヨーロッパだった。なかでも小田部は病気で入院していた小学生の息子をパートナーに任せての出立となった。パートナーである奥山玲子は、当時東映動画で長編映画『人魚姫』の作画監督を担当しており、子どもを置いての旅立ちには大きな決断を要したという。それに加えて「何かをしっかり摑《つか》んで帰ってこなければならないというプレッシャーがありました」と、小田部は振り返る。ロケハンを予算や行動面でサポートするため同行した中島も初めての海外で、あまりに不慣れではいけないと、責任感のあまり予行練習として台湾に行ったほどだった。

だが旅は初めからハプニングに見舞われた。当時は日本からヨーロッパへの直行便はなく、アラスカのアンカレッジ経由でアムステルダムへ行き、そこからパリ経由でスイスへ飛ぶ長い行程であった。

パリのオルリー空港でチューリヒ行きの乗り継ぎ便を待っていたときのことだ。いつまで待っていても行き先案内板が変わらない。「そろそろ出発時間だというのにどうなっているの?」と、多少フランス語のわかる高畑が係員に問い合わせると、もう搭乗予定の便は出てしまった後だった。案内板が壊れていたのだ。慌てて次の便を手配したが、予定を大幅に遅れチューリヒに着いたときは既に夜になっていた。空港には高橋と渡辺が迎えに来てくれていた。その後の夕食で、四人は初めてチーズ・フォンデュを食べ、溶けるチーズを目の当たりにする。

ヨーロッパ第一泊目の宿はリマト川沿いにあり、一行は翌日早朝から散策に出かけた。小田部は川に面して大きな木が枝を伸ばしている風景がいかにもヨーロッパらしかったと述懐している。こうして取材は始まった。その日訪ねたスイス国立博物館では、昔の陶器製の暖炉を見つけ、『ハイジ』の冬の家で登場させている。

ロケハンは往復の時間を除くとわずか十日間。その日程でチューリヒからスイス東部のマイエンフェルトをへて、イタリア国境に近いサンモリッツ、ユングフラウのある中部ベルナーオーバーラントへ足を延ばした。これはスイスを半周する行程で、その上ドイツのフランクフルトまで見ようというのである。一カ所に割ける時間は限られていた。

それだけに高畑はロケハンに行く前から、自分の知りたいことについて丹念に下調べをして臨んでいた。そして初めて目にしたスイスの大自然に感動しながらも、博物館などを積極的に訪問し、精力的に取材をしている。

ところで高畑らのロケハンの様子については、興味深い証言がある。ロケハンに際しては事前に日本から通訳を二人依頼していた。一人は若山淳四郎で、若い頃はドイツのボン大学で教えながら、『毎日新聞』の特派員としても働いていた。第二次世界大戦を機にスイスへ逃げ、ロケハンの一行を案内した頃はチューリヒ大学の日本研究部門の教授として教壇に立っていた。囲碁が得意で、スイス囲碁界に尽力したという面白い経歴の持ち主であった。

もう一人はヨハンナ・シュピーリ文書館(当時の名称はスイス児童・青少年文学図書研究所)の館長から推薦を受けた岡田長子で、チューリヒ大学のヨーロッパ民間伝承文学で著名なマックス・リュティ教授から依頼され、シュピーリ文書館館長と共にロケハンに参加したという。

その岡田は高畑らに会ったときの印象をおぼろげに覚えており、「四人の若い日本人男性は若者好みの服を着て、普通の若者という感じでした。ところが、マイエンフェルト周辺の村を歩き始めると別人のようで、急に生き生きとして全身で雰囲気を吸い取ろうという感じに見えました」と語っている。岡田は当初、アニメではなく実写映画のためのロケハンだと思っていたのだそうだ。岡田の話からは、全身の感覚を研ぎ澄ませて歩き回る彼らの様子が目に浮かんでくる。

アルムの山小屋

『ハイジ』の主な舞台となったマイエンフェルトは、人口二千七百人あまり(二〇一四年調べ)でスイス国内では良質なワインの産地として知られる豊かな町である。スイスの東部、オーストリアやリヒ

クールの博物館前にて．左から一人置いて中島順三，高畑勲，宮崎駿，通訳の若山淳四郎(撮影：小田部羊一)．

アルムで取材中の一行．左から一人置いて小田部羊一，高畑勲，宮崎駿(撮影：中島順三)．

テンシュタインとの国境に位置し、クーラーラインの谷間にあることから、ヨーロッパ中部とイタリアを結ぶ交通の要衝として古くローマ時代から栄えていた。現在は付近を高速道路が走り、交通量も増えたが、町並み自体はロケハンで訪ねた四十年前から大きく変化していない。「本当にマイエンフェルトは素朴な田舎町でした」とロケハンに参加した中島は言う。当時は町の中を牧童が牛を連れて歩いていた。一行は山の中腹にあるオーバーロッフェルスまで荷馬車に乗せてもらった。オーバーロッフェルスは二十軒ほどの小さな村で、アニメでも麓の村デルフリ(スイスドイツ語で「小さい村」の意)として描かれたが、荷馬車と御者も第一話でマイエンフェルトに向かうハイジとデーテを乗せる馬車として登場している。

ロケハンの一行は、マイエンフェルトに正味二日滞在し、アニメのモデルを探して歩いた。ハイジがおじいさんと暮らす山小屋を求めて、標高千メートル以上の高所にあるアルム(ドイツ南部方言で「高原の牧草地」の意)にも登っている。小田部は当時流行だったかかとの高い靴を履いていたが、「それでは山は登れない」と宿の滞在客が登山靴を貸してくれたそうだ。現在アルムへの道はハイキングコースとして整備されているが、当時はまだ険しい山道で、急な斜面を登らなければならなかった。

一行は山小屋に行く途中、山の斜面の牧草地で農夫と少年が長い草刈り鎌を使って干し草作りをしているところに出会っている。刈り取ったばかりの干し草からは良い香りがした。彼らに教わった鎌の使い方も、ハイジのおじいさんが牧草刈りをする場面で生かされている。目指したのは、原作者の

『ハイジ』のモデルになったアルムの山小屋前にて．左から宮崎駿，小田部羊一，高畑勲，たまたま一緒になったドイツ人一家と(撮影：中島順三)．

左：ラウターブルンネンの滝にて(撮影：小田部羊一)．
右：急な斜面での牧草刈りの様子(撮影：中島順三)．

シュピーリが『ハイジ』の着想を得たという山小屋である。ロケハン当時から、地元では「ハイジの山小屋」として知られていた。

「アルムの山小屋を見たときのことは忘れられません。原作の挿絵と同じような風景が存在しているんです」と中島。現実の牧場は歩くとあちこちに牛の糞《ふん》が落ちていたが、そんなことさえ新鮮な発見だった。また、農家を見学し、農具や彼らの暮らしを見せてもらうが、家の中は驚くほど暗く、壁は日本では想像できないほどの厚さだったという。

小田部も「現地で感じ取った透明で広い空間は、作品を作るための全てに役に立った」と語っている。ハイジの心の支えになる樅の木は、山小屋の周辺に生えていたドイツトウヒの大木をモデルに選んだ。ただ山小屋から上へは登っていない。山頂への道は岩がそそり立つ急斜面になっており、本格的な登山家向きの山である。ペーターがヤギを放牧する山の牧場や山の上の湖は、「もしもあんな牧場や湖があったらどんなに素敵だろう、草の上に寝転んだら気持ちがいいだろう」、そんな想像を絵にしたものだ。

実は『ハイジ』の舞台となったマイエンフェルトは、アルプス山脈の端に位置し、周辺の山の標高はせいぜい二千五百メートルほどしかない。七月になると雪も消える。アニメの背景にはもっとアルプスらしい風景を入れたいと、スタッフはさらにサンモリッツや、ユングフラウ周辺もロケハン先に加え、『ハイジ』のイメージを膨らませていった。

ロケハン先で入手した当時のパンフレットや花の写真と旅の行程表.

ゲーテの水道

高畑らロケハン一行は写真を撮ったりスケッチしたりするだけでなく、ポストカードや現地の植物の絵が入ったカレンダーなどの資料も積極的に手に入れていた。数日の滞在で見られるものは限られている。例えば冬はどういう生活をしているのか、十九世紀の暮らしはどうだったのだろう。

参考になったのが絵画であった。高畑らは、グラウビュンデン州都のクールではスイスの画家で絵本作家でもあるアロイス・カリジェの絵を、サンモリッツではアルプスの風景画家ジョヴァンニ・セガンティーニの絵を観に美術館に足を運んでいる。特にカリジェの絵本『ウルスリのすず』『フルリーナと山の鳥』等は『ハイジ』と同じスイス東部地方を舞台にし、山村で暮らす少年少女の物語として、『ハイジ』の作品世界を作るのに大きく貢献したという。だがもっとも参考になったのがチューリヒのシュピーリ文書館で手渡された二冊の『ハイジ』の原書だった。特に、マルタ・プファネンシュミット挿絵によるドイツ語版には建物や小道具、食事や服装、植物などカラー図版が豊富に掲載されていて、アニメの設定作りに大いに生かされた。

また、フランクフルトでは、高畑の提案でゲーテの生家「ゲーテハウス」を訪ね、クララが暮らすゼーゼマン家のモデルにした。原作者シュピーリが敬愛してやまなかったというゲーテは、代々フランクフルト市の高官を務めた名家の出で、一族が住んだ大きな屋敷はお金持ちのゼーゼマン家のモデルにふさわしい堂々とした佇まいであった。オリジナルの建物は第二次世界大戦で破壊されてしまったが、戦後そっくり再建された建物は、ゲーテが暮らした当時の様子を再現した博物館として、ロケハン当時と同様今も公開されている。

ゲーテハウスについては、クララのおばあさまがハイジを連れて入った絵が飾られた秘密の部屋や、クララの勉強部屋、メインホールの階段など、ゼーゼマン家のイメージとしてほぼそのままアニメで使用している。また、一階には当時の台所を再現した部屋があり、そこによくわからない形のポンプ式の器具があった。「水道じゃないかな」と言う小田部に、宮崎は「そんなばかな」と返すが、それが確かにポンプだと納得した彼は、後日ハイジがゼーゼマンに頼まれて水を汲《く》みに行く場面で、しっかりとポンプ式水道を描き入れていた。

また、高畑らは十九世紀の面影を残すフランクフルトの旧市街を歩き回り、ハイジが登った教会の塔のモデルには、同じくゲーテが洗礼を受けたカタリーナ教会を選んだ。

現在のゲーテハウスの台所．写真中央に小田部が水道だと思った丸いポンプがある．

小田部がロケハンに持参したスケッチブック．村で見かけた人やものを片っ端からスケッチしたという．

ロケハン中の写真は中島が中心になって撮影していた。キャラクター作りや動作の参考になればという一心で、積極的に村人や子どもたちの顔などを写真に収めたのだ。小田部も、目に入るものは何でも取り入れようと懸命で、食事の時にも手を休めず周囲の人物などのスケッチを続けた。ところが宮崎だけは違っていた。「宮さんはいっさい現地でスケッチしないんです。彼はただ見ているだけ」。それなのに日本に帰るや否や見てきたものをどんどん絵にしていくので驚いたと小田部は振り返る。実は宮崎もカメラを持参していたのだが、彼には見ておくことの方が大事だという信念があった。

宮崎と小田部は、フランクフルトからそのまま帰国した。一方、高畑と中島はオランダのアムステルダムで一泊してから帰国した。帰国便はガラガラだった。それもそのはず、わずか一週間前、同じ航路をたどるアンカレッジ経由羽田行き日本航空機がハイジャックに遭い、大事件になったばかりだったのだ。

ロケハン終了後、スタジオの壁に宮崎や小田部らの描いたストーリーボードやラフスケッチがずらりと貼りだされた。「とんでもない絵が並んでいる。これはすごい。この人たちが来たからには楽しいものになるぞ」。『ハイジ』に作画担当として参加したばかりのアニメーター高野登はそれを見て興奮したという。

6章 『ハイジ』を取り巻く音楽家たち

取り戻した作曲心

『ハイジ』の音楽を担当したのは渡辺岳夫である。昭和のテレビ音楽界で一時代を築いた人物だ。高橋茂人にとって渡辺は何でも話せる数少ない友人であり、知り合った頃から渡辺の持つしなやかな感性と世界観に共感していた。友人関係に仕事を持ち込むのはとためらっていたが、一年をかけて登場人物や情景を丁寧に描く『ハイジ』のような作品を理解して書ける作曲家は渡辺の他にいない、と思い切って声を掛けた。渡辺は喜んで承諾してくれた。『ハイジ』を引き受けた渡辺は、そのときの気持ちを振り返って「心の奥の方から何とも温かく少年のような気恥ずかしい、それでいて力強い喜びが湧き上がってきた」と表現している。

だが当時渡辺は売れっ子作曲家として多忙を極めていた。同時期『子連れ狼《おおかみ》』『非情のライセンス』『ぶらり信兵衛道場破り』など、番組を常に十本近く掛け持ちしており、映画、ドラマ、アニメなど、テレビに渡辺の名前がクレジットされない日はないほどだった。来る日も来る日も打ち合わせと台本読みと作曲の繰り返し。休む間もない日々に渡辺は心に穴が空いたような、気力の限界を感じていた。

マイエンフェルトで荷馬車に乗る笑顔の渡辺岳夫(前列左). 二人置いて奥が高橋茂人, 通訳の若山氏, 右端は宮崎駿(撮影：中島順三).

スイスの音楽ロケを依頼されたのはそんな時だった。

「私は疲れ果てて座っていた。皮膚はカサカサでどす黒くなり、目は死んだ魚のように赤くよどんでいて我ながら情けない姿であった」。スイスへ向かう飛行機は自分を運ぶ救急車のようだったと、後に渡辺は記している。

アルプスに抱かれたマイエンフェルトの宿で荷をほどいた渡辺の耳に、カランコロンと牛の鈴(カウベル)の音が届いた。外に出て草の上に寝転んでゆっくり流れる雲を眺めているうちに、渡辺の目から自然と涙があふれてきた。風がほほをなで、牛や小鳥の声がする。「……ここに音楽があった。ここに素晴らしい音楽が演奏されていたのだ。私はアルプス交響楽団の演奏会に招待されていた」。渡辺の心は長いトンネルを抜け、自身の作曲心を取り戻していた。

高畑勲は、マイエンフェルトで渡辺が目の前の景色を見ながら「ドミソの音楽だなあ」と言ったことを印象深く覚えている。ドミソは、調和と均衡を感じさせる西洋音楽の基本の和音である。目の前に日本とはスケールが違う山や牧場が広がっている。それこそが渡辺が「ドミソの音楽」と称した素朴でのびやかな明るい世界だ。『ハイジ』で書くべきは、このような生きる喜びに満ちた音楽だろう。渡辺は「ハイジのそばにすっと寄り添う」音楽を作ろうと決めた。できあがった主題歌「おしえて」は、音域が高く子どもが簡単に歌えるものではない。だが、渡辺はどうしてもこれで行きたいと思っていた。注文されて作った音楽ではなく、作曲家として自分が惚《ほ》れ込んで自己主張して書いた曲だ。

この「おしえて」をはじめ、エンディングの「まっててごらん」、挿入歌「夕方の歌」など『ハイジ』の数々の名曲には、渡辺が取り戻した作曲する喜びと生への感動が溢れている。

主題歌「おしえて」と岸田衿子

木村英俊が『ハイジ』の音楽のプロデュースを高橋から依頼されたのは一九七三年九月のことだった。木村は当時コロムビアレコードの音楽ディレクターとして学芸部に所属しており、『ジャングル大帝』『マッハGoGoGo』『いなかっぺ大将』などを手がけ、多忙の日々を送っていた。レコード会社の音楽ディレクターの仕事は、市場調査に企画立案、音楽のコンセプト作り、予算計算、歌手や作詞作曲家の起案、録音、宣伝、販売から新人発掘など多岐にわたる。現在のアニメ主題歌制作は外部プロダクションから宣伝タイアップ付きで持ち込まれるケースが多くなってきているが、この時代

渡辺岳夫の几帳面な字で書かれた『ハイジ』挿入歌のスコア．作詞は岸田衿子(提供：渡辺浩光)．

は音楽を商品として成功させるための全ての業務を音楽ディレクターが一手に担っていた。責任の重い仕事ではあったが、木村はアニメの歌に関わることが楽しくて仕方がなかったという。「アニメの音楽は歌謡曲のように二、三年で消えていくようなものではない。だからこそ何年経っても古くならない時代を超えた音楽を作りたい」という信念があった。

その頃木村の家の前に幼稚園があって、子どもたちの声がよく聞こえた。いい歌だと子どもは一回の放送で覚えて歌ってくれる。そしてそんな歌は決まってヒットした。子どもの感性は確かだ。木村は子どもの力を信じていた。もともと子どもの教育音楽の出身だった木村は、子どもたちのために本物の音楽を作ろうという思いが人一倍強かった。

一月の放送まで四カ月を切っていた。制作

期間は十分とは言えない。『ハイジ』の歌詞を誰に書いてもらうか。多くの作詞家が候補に挙がっていた。頭を悩ませていた木村に、中島順三が「岸田衿子《えりこ》さんはどうでしょう?」と提案する。中島はある雑誌で岸田の書いたチロルの詩を見かけ、いい感性だなと思って心に留めていたのだ。

木村は岸田の妹で女優の岸田今日子と仕事をしたことはあったが、詩を書く姉がいることは知らなかった。「彼女の詩はものすごく透明感がある。そして本当に素直な童心がある。これはうまいなあと」。中島のいいモノを見つける目はいつも確かだったと木村は述懐する。後に世界名作劇場『赤毛のアン』の主題歌に現代音楽の大家、三善晃を起用したいと言ってきたのも中島だった。岸田は詩人であり画家でもある。『かばくん』『ジオジオのかんむり』など絵本作家としても多くの仕事をしている。演出の高畑も異論はなかった。

中島らが岸田の家を訪ねると、岸田は快く承諾してくれた。岸田自身も原作『ハイジ』を愛読していた一人だった。岸田家の山小屋が北軽井沢にあり、夏になると一家はそこで過ごしていた。同じ村に『ハイジ』を翻訳した野上彌生子の山荘があった。本は彼女から直接もらったのだという。

岸田には子どもの頃ヤギを飼って世話をし、乳搾りをした思い出もあった。ハイジの暮らした山小屋の暮らしと共通するところが多かった。主題歌「おしえて」や、エンディングの「まってておくれ」などの歌詞は、岸田自身の北軽井沢での思い出を元に「牧場や動植物を目に浮かべながら楽しんで作りました」と語っている。高畑は岸田の詩が「ゆったりとした時間が流れる、素晴らしい村の情景を描いて私たちに共有させ、心を落ち着かせて」くれたと高く評した。

『ハイジ』のLPレコード．主題歌を含め6曲作られた．作品のタイトルロゴは中島順三がデザインした．

歌の力　大杉久美子

主題歌「おしえて」にはヨーデルを組み入れることになった。最初、高橋は一曲すべてをヨーデルにしたいと考えていたが、子どもの番組に日本語の歌詞がないのはどうかという木村の意見で、イントロだけヨーデルを使うことで落ち着いた。ヨーデルは裏声を操りながら発声する特殊な歌唱法である。そのヨーデルを生かした「おしえて」は音域が高くて難しい歌だ。上手く歌える人は多くない。

ようやく見つかったのが伊集《いしゅう》加代子（現・伊集加代）である。伊集は日本を代表するコーラスグループとして活躍しており「スキャットの女王」と異名を取る実力の持ち主だった。歌謡曲のコーラスのみならず、「ネスカフェ　ゴールドブレンド」などのコマーシャルソング、『11ＰＭ』テーマ曲、『ルパン三世』や『タッチ』などアニメのコーラス等、その仕事は多岐にわたる。伊集は作曲を担当する渡辺にぜひと頼まれたものの、こんなちゃんとした歌は歌えないと困惑したという。だが結果は大ヒットとなり「おしえて」は一九七四年のＦＮＳ歌謡祭で特別賞を受賞する。

「おしえて」に対して、エンディングの「まっててごらん」は子どもが歌いやすい音域に仕上げられた。歌手は後に『母をたずねて三千里』『あらいぐまラスカル』『ドラえもん』などの主題歌で知られる大杉久美子である。大杉は中学生で歌手としてデビューを果たしたもののヒット曲に恵まれず、当時は歌手を辞めることも考えていたという。

『アタックNo.1』(一九六九―七一)を歌ったのが大杉にとって初めてのアニメの主題歌だった。その時に行われたオーディションが渡辺との出会いとなる。録音スタジオでの渡辺の指導は「それはもう厳しかった」と大杉は当時を振り返る。渡辺は子どもが観るテレビアニメだからこそ一切手を抜くことをしない。『ハイジ』で再び渡辺の曲を歌うことになったとき、大杉は「また絞られるぞ」と覚悟の思いで臨んだという。だが後に厳しい指導は自分への期待からだったと知る。

大杉の明るく清らかで透明感のある声質は、『ハイジ』のエンディングにぴったりだった。でも、と大杉は言う。「岳夫先生の曲は覚えやすくて簡単に聞こえますが、実はすごく難しいんです。歌う方は大変でした」。大杉は自分の歌を「叩《たた》かれてできあがっていくタイプ」だと分析する。録音もすぐにはOKにならない。そうして仕上がったのが、「まっててごらん」のほか、挿入歌も含めて四曲。いずれも大杉がもうこれ以上は歌えないというところまで全力を尽くした歌ばかりだ。

『アタックNo.1』の頃はまだアニメを歌うことに迷いがあった大杉だが、『ハイジ』でようやく自分らしく歌える場所を見つけたという。媚《こ》びず小細工なく、まっすぐ歌うアニメの歌は大杉の性格にも合っていた。大杉は言う。「歌う人になれて本当によかった」。

ヨーデルを探して

「主題歌のイントロには本物のヨーデルを使いたい」という高橋の希望を受け、ヨーデル部分はスイスで収録が遂行されることになった。「本物を録《と》らないと将来後悔する」と高橋を後押ししたのは音楽ディレクターの木村だった。十一月半ばにようやく国内での録音が済み、残すはスイスでの収録のみとなった。ヨーデルに加えて現地の民俗楽器の音も収録するため、渡辺は『ハイジ』で二度目となるスイスへ、今回は編曲家の松山祐士を伴って行くことになっていた。

だが肝心の木村の方は、明後日出発しないと間に合わないという段になっても、会社の稟議書《りんぎしょ》の決裁が下りないという事態に直面していた。「スイスへは遊びに行くんだろう。テレビアニメで海外録音するなど聞いたことがない」というのだ。「ぼくらが行かないと録音ができない」。木村は辞職覚悟で腹心のミキサーを連れ、自腹を切ってスイスへ飛んだ。

収録はチューリヒで行われた。チューリヒ湖のほとりにある石造りの小さなスタジオは、いかにも人の良さそうな夫婦が経営していた。録音していると外の車の音が聞こえてしまうという素朴な建物だったという。集められた民俗楽器の演奏家たちは、皆張り切って民俗衣装に身を包んできていた。

松山がスタジオに入ろうとすると、入口に大きなセントバーナード犬がどてーんと寝転んでいた。生まれて初めてセントバーナード犬を見た松山は度肝を抜かれるが、犬は一瞥《いちべつ》しただけで一向に動こうとしない。「あのおおらかな感じは当時の日本では絶対に味わえない。一番印象に残った出来事でした」と松山は振り返る。

肝心のヨーデルは日本を出発する時点で、誰に歌ってもらうかは決まっていなかった。木村は現地に行けば何とかなるだろうと思っていたが、ちょうどその頃スイス国内のヨーデル歌手は公演旅行に出払っていて、適当な人がいないという。ようやく探し当てたのがシュワルツ親子だった。母親のフレニ・シュワルツが、ロンドンに滞在していた娘のネリーを呼び寄せ、ようやく準備が整った。ところで驚くことにシュワルツ親子も集まった民俗楽器奏者も、歌や演奏は巧みだが、誰一人楽譜を読める人はいなかったという。松山は日本から持参してきたスコアを前に頭を抱えるが、幸い娘のネリーは勘の良い女性で、松山のピアノ伴奏ですぐにメロディーラインをつかんでくれた。ヨーデル部分はネリーとネリーの母フレニが一緒に歌った。

シュワルツ親子のレコード．左がネリー．

苦労したのが挿入歌「アルムの子守唄」で、日本語の歌詞を歌ってもらうため松山はつきっきりでネリーに口述で指導した。収録を終えたときには誰もが皆クタクタだったという。

十八歳だったネリーの弟ヨハンもホルンで参加している。主題歌「おしえて」の冒頭の雄大なホルン

松山祐士による主題歌「おしえて」のオリジナルスコア.

がそうだ。彼は長いアルペンホルンを分解して持参し、狭いスタジオで組み立てて吹いてくれた。

『ハイジ』の持つ透明感と純粋さは、よくある正義の味方が悪い奴《やつ》をやっつけるような話とは全然違う、と松山は思った。「『ハイジ』は人間の物語だ。スイスで体験した人の温かさやおおらかさ。あの臨場感を曲のアレンジで出せたら」。それが編曲家として参加した意義だと松山は感じていた。

音楽をどこに入れるか

テレビアニメには録音監督という仕事がある。声優のキャスティングから劇中に流す音楽(BGM)の選曲、効果音の指定まで音に関するすべてに携わる、いわば音の演出家である。『ハイジ』で録音監督を務めたのが浦上靖夫だ。

浦上は日大藝術学部の放送学科を出て虫プロに入社した。アニメの演出をやるように言われたが、性に合わないからと音の世界へ飛び込んでいった。そうして取り組んだのが『あしたのジョー』『海のトリトン』などで、テレビアニメにおける音の世界のパイオニアと言ってもいい。

一般的にはできあがった絵にどんな音楽を付けるかについて監督からの指示はなく、ほとんど録音監督の意向で決められる。だが浦上は振り返って言う。「『ハイジ』に関しては高畑さんと音楽ラインを決めながらやりましたね。高畑さんは音楽のことが好きなものですからよく一緒に作業しました。ただ選曲は僕の方でやりました」。ＢＧＭ用として渡辺、松山に作ってもらった曲は当初七十―八十、その後は必要に応じて追加してもらっている。

『ハイジ』のように何ということもない日常の場面に、音を付けていくことでいろんな感情が表現される。それが音の演出の面白さだったという。単純に楽しいときに楽しい音楽、悲しい場面に悲しい曲という入れ方はしたくない。意外性を持たせながらも観る人の心を揺さぶる音楽を心がける。それが浦上の美学だった。「岳夫さんの曲は良かったですね。自分で曲を選びながらポロポロ涙をこぼしてやっていました」。

浦上は打ち合わせのため高畑らのいる制作スタジオと録音スタジオを頻繁に往復した。電車での移動中は、高畑との打ち合わせや録音現場での作業に備え、絵コンテやアフレコ台本にひたすら目を通す。電車を使ったのは、車を運転しながらでは絵コンテや台本を読めないからだった。

ある日のこと、録音スタジオに向かう車内でアフレコ台本を読んでいたところ、隣に座った女性から「それ、『ハイジ』ですか？　私ファンなんですよ」と話しかけられた。その言葉を嬉しく思いつつも誰にも邪魔されたくなかった浦上は、その時はそっけない生返事をしてしまった。浦上にとって車内は〝現場に着いたらすぐ指示ができるよう台本を頭にたたき込む貴重な時間〟であったのだ。

声のオーディション

ハイジの声を誰にするか。音楽制作と同時進行していたのがキャスティングだった。その当時は声優という言葉もなく、テレビアニメの声を当てる人は「声の出演」とクレジットされていた。

『ハイジ』のメインキャラクターはオーディションを行うことになった。今でこそアニメの配役を

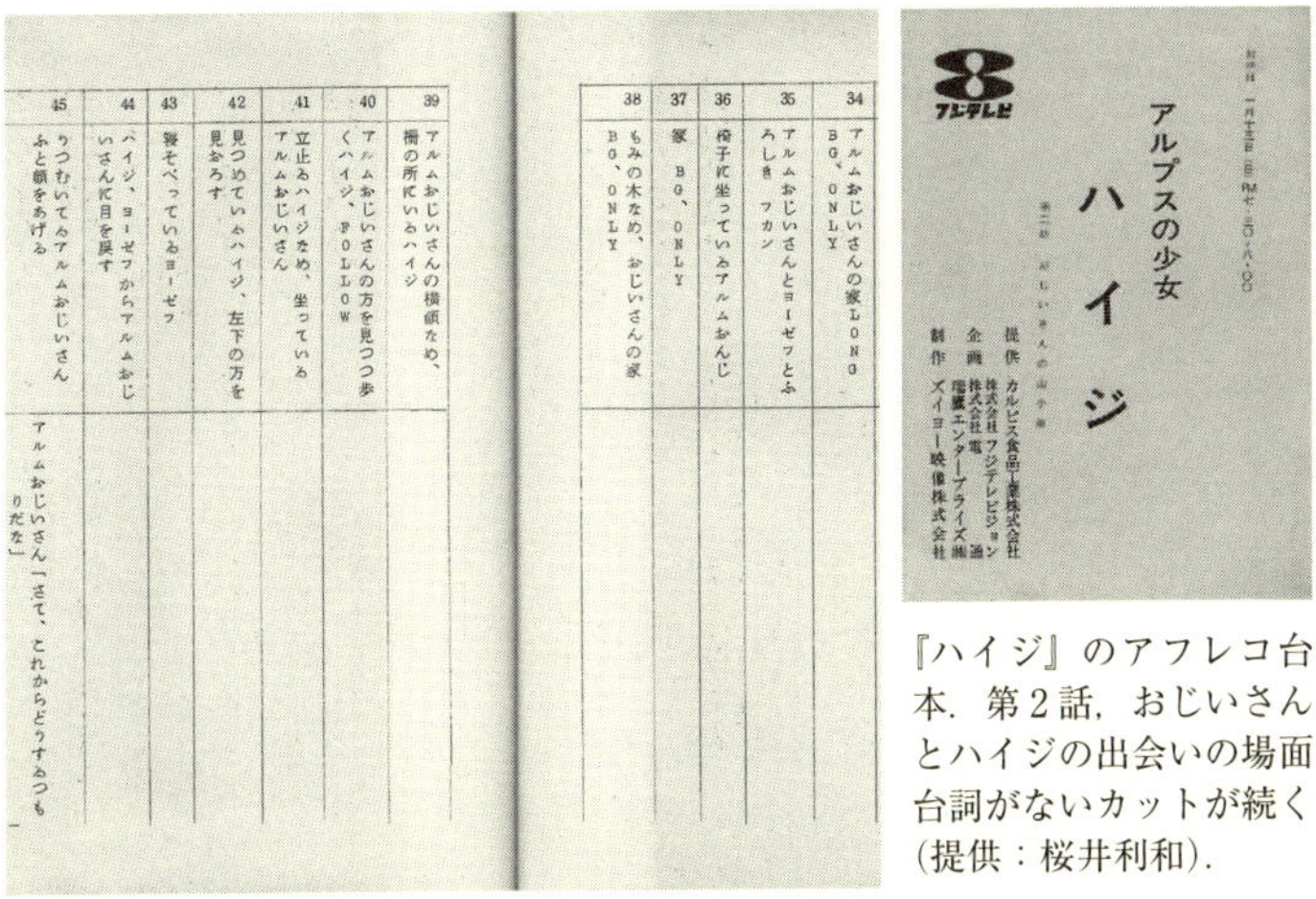

アルプスの少女
ハイジ
第二話　おじいさんの山小屋
提供　カルピス食品工業株式会社
企画　株式会社フジテレビジョン
　　　株式会社電通
　　　瑞鷹エンタープライズ㈱
制作　ズイヨー映像株式会社

34	アルムおじいさんの家LONG BG、ONLY	
35	アルムおじいさんとヨーゼフとふろしき　フカン	
36	椅子に坐っているアルムおんじ	
37	家　BG、ONLY	
38	もみの木なめ、おじいさんの家 BG、ONLY	
39	アルムおじいさんの横顔なめ、柵の所にいるハイジ	
40	アルムおじいさんの方を見つつ歩くハイジ、FOLLOW	
41	立止るハイジなめ、坐っているアルムおじいさん	
42	見つめているハイジ、左下の方を見おろす	
43	寝そべっているヨーゼフ	
44	ハイジ、ヨーゼフからアルムおじいさんに目を戻す	
45	うつむいてるアルムおじいさんふと顔をあげる	アルムおじいさん「さて、これからどうするつもりだな」

『ハイジ』のアフレコ台本．第2話，おじいさんとハイジの出会いの場面．台詞がないカットが続く（提供：桜井利和）．

オーディションで選ぶのはごく普通のことだが、その頃の役者は実写や劇団出身者が多く、皆自分が役者であることに誇りを持っていて、テレビアニメのオーディションなどそうそうやらせてはくれなかったという。そういう意味で『ハイジ』のオーディションはちょっとした「事件」であった。

キャスティングにあたって、浦上はハイジの声を「誰にも親しまれる、愛くるしい声にしたかった」という。新人でもベテランでもいい。今まで他のテレビアニメであまり聞かなかったような声にしようと思ったそうだ。『ハイジ』役に選ばれた杉山佳寿子は、オーディションの時に風邪をひいて高音が出ず、きれいな子どもの声が出なかった。だが、ありがちなヒロイン調の声ではなく、その作らない自然な感じが逆に本当の子どものようだということで、ハイジ役は杉山に決まった。

浦上が一番こだわったのは、ハイジのおじいさん、

「アルムおんじ」の声だ。原作の頑固さを出そうと選ばれたのが宮内幸平である。宮内は本来優しい声の持ち主だが、偏屈な役を演じるために自分の中の温かい部分を消すようにして演じたという。おんじらしい地に着いた声を出そうと、舞台に立つときのようにおなかから出す発声方法を採ったそうだ。

そんな宮内が一番驚かされたのが台本だった。『ハイジ』には登場人物の台詞《せりふ》がなく、風や暖炉の効果音だけというようなシーンがしばしば出てきた。テレビアニメといえば台詞でつなぐイメージだった宮内にとって、『ハイジ』のような間《ま》を生かした芝居は体験したことがなかった。「台詞を入れないことで心と心の交流を見せる演出に感服した」と宮内は後に語っている。

十二月、放映まで一カ月を切り音楽の作業も大詰めを迎えていた。『ハイジ』の音楽にはオーケストラが贅沢《ぜいたく》に使われた。まだシンセサイザーが、一般的な楽器の一部として活用されていない時代のことである。演奏者の数が増えればそれだけ費用もかかる。その上スイスで収録も行った。『ハイジ』は並大抵のテレビアニメではないな、と編曲を担当した松山は思った。渡辺の曲も文句なしに傑作だった。「『ハイジ』はこれからもずっと残っていく音楽になる」。音楽ディレクターの木村はそう確信した。

7章　アニメ職人の技術

不可能を可能にするために

話は一九七三年の夏にさかのぼる。スイスのロケハンから帰ってきた高畑勲らは、『ハイジ』制作の準備を進めていた。

高畑は『ハイジ』という作品に、日常芝居の可能性を懸けていた。地味ともいえる生活の描写を積み重ねることで、ハイジという少女にリアリティが生まれ、視聴者がその世界を実感し、ハイジの心に共感できるようになる。「主人公の日常にいわば密着取材して、彼らの一日一日の生活(生き方)を克明に追いかける」。それによってアニメーションという虚構を超え、信じるに値する世界を子どもたちに見せられるのではないだろうか。

だがそれを表現するためにかかる労力を、毎週一本納品し続けるテレビアニメに求めるのは、ただ無謀という以外の何ものでもなかった。しかもロケハンが終了した時点で、キャラクターデザインはもちろん、制作体制も何一つ決まっていない。一話作るのに二カ月はかかるというのに、放映までわずか五カ月しかない。

小田部羊一が描いたハイジのイメージ画．当初は三つ編みであった（提供：小田部羊一）．

それでも高畑が『ハイジ』の制作が可能だと踏んだのは、東映動画時代から長年一緒にやってきた小田部羊一、宮崎駿が共にいたからだった。アニメーションの演出家として、全幅の信頼を寄せられる技術を持つ仲間の存在ほど心強いものはない。

テレビアニメでは動画だけで、毎週一話につき三千―八千枚も必要になる。当然一人で描ける量ではないので、カットやシーンごとに担当を割り振るのだが、それぞれ描き手の個性が出るし、技量にも差がある。するとどうなるか。同じ人物の顔が違って見えることや、演出の意図が動画に反映されないことも起こりうる。だがそこに全体を監督できる人間がいれば、一定のクオリティーが期待できるだろう。だが従来のテレビアニメ制作ではそういうポジションを置く余裕がないのが普通だった。

より高度な技術が必要とされる『ハイジ』の場合はどうするべきか、高畑は考えた。絵の監督というべき作画監督、つまり絵柄の統一や動きのチェックを小田部が一人で引き受けてくれるなら、絵のクオリティーは維持できる。そして作品の要となるレイアウト（場所設定）は宮崎に全カット担当させ、各場面の設計をしっかり押さえてもらう。背景、仕上げ、編集などの要所も、それぞれ一人責任者を置く。その上で自分が、演出を含めすべてに目を配るというシステムならやれる。そう結論した。

それが各人にとってどれほど過酷な仕事量になるかは、スタート前から予測できた。しかも誰か一人が倒れたら直ちに制作に支障を来すという綱渡りの案だった。

『ハイジ』の話を高畑から聞いた小田部と宮崎は、こう答えている。「もし『ハイジ』をアニメーションにする確信があるなら、僕らはついていきます」。

「ロッテンマイヤーは美人です」

スイスのロケハンから帰ってきた小田部は、チューリヒのシュピーリ文書館で言われた言葉を思い起こしていた。「ハイジの髪は短かったのではないか。山の上でおじいさんと二人暮らしで、髪に手間をかけたとは思えない」。小田部はそれまで三つ編みの少女のスケッチを重ねていた。ハイジといえば、抄訳本の挿絵によく描かれていた民俗衣装を着たおさげの女の子のイメージが漠然とあったという。

小田部の出すデザインに、高畑はなかなかいい返事をくれなかった。何が足りないのだろうと、小田部はずいぶん悩んだという。そんな小田部に、高畑はある日、「おじいさんをまっすぐひたと見つめる顔を」と注文を出した。

「なるほどパクさん(高畑)はそういうことを考えていたのか」。いわゆるかわいい表情の少女ではない、真摯《しんし》にまっすぐおじいさんを見つめる顔……ようやく小田部にハイジの顔が浮かんできた。

スイスでもモデルを求めて何人もの子どもを見てきたが、最終的に選んだのは身近な記憶から引き

ロッテンマイヤー(右)とペーター，いずれも最終稿(提供：小田部羊一)．

出した少女像だった。そして髪形。確かにシュピーリ文書館の学芸員が言うとおりだ。あのおんじが毎朝ハイジの髪を編むだろうか。五歳の少女が自分で整えられるだろうか。そう考えた時、ハイジの髪はようやくくせ毛のショートカットに落ち着いた。ほっぺたの丸は何げなく入れたほほの赤みであった。スケッチ(本書カバー参照)の中から特にまん丸に描いたのを高畑が気に入り、これでいこうと決まった。

皆に意見をもらおうと、小田部がキャラクターを描いた紙を壁に貼っていた時、高橋茂人が通りかかった。高橋は家政婦長として登場するロッテンマイヤーの絵を一目見るなり「僕はロッテンマイヤーさんは美人だと思うよ」と言った。ロッテンマイヤーは、ハイジが連れて行かれたフランクフルトの屋敷を仕切る厳しい女性である。小田部が描いていたのは意地悪そうなおばあさんの絵だった。ロッテンマイヤーが美人だという発想がなかった小田部は驚くが、大きな邸宅を任されるような地位の女性なら、高橋の言うのももっともだと思い、サンモリッツのセガンティーニ美術館の女性係員を描いたスケッチを参考にデザインを修正した。

また、ヤギ飼いのペーターのデザインを決める際には、ちょっとした事件があった。完成したキャラクターデザイン表を見たクライアントが、大きく口を開けて笑うペーターの歯が欠けているのを「いかがなものか」と見とがめたのだ。しかし高橋らはそれが、ペーターの粗野だが純朴な少年らしさを表現していると思っていた。小田部のデザインを変更するなど考えられない。一計を案じて小田部に口を閉じたペーターを描いてもらうと、それを何食わぬ顔でクライアントに見せた。「これならいい」。デザインは通った。ウソのような本当の話である。

宮崎駿の仕事

高畑は、レイアウトをアニメの鍵を握るポジションだと位置づけており、それを宮崎に託している。レイアウトとは、演出家の意図が示された絵コンテをもとに描かれる設計図ともいうべき図面のことだ。そのシーンをどう見せるかを決定する重要な仕事であり、画力、構成力はもちろん、映像表現や撮影手法まで視野に入れた、アニメーションの総合的な力が必要とされる。通常のテレビアニメでは、このレイアウトは各原画マンの裁量に任されている。

本来平面である絵を動かす難しさは、それを奥行きのある空間に見立ててキャラクターに演技させることにある。絵画とは決定的に違うところだ。例えば歩き方一つとっても、どこをどう歩かせるのかで見せ方や印象が変わってくる。レイアウトを描くことで人物の位置や動きだけでなく、地形や建物の構造、小道具、時間、光の方向、季節まで、画面上の全てのものが設計され盛り込まれる。それ

宮崎駿のレイアウト（第 7，8 話）．色鉛筆で塗り分けられ，道具の位置や形まできちんと指示されている．

を元に後の工程である原画や背景が描かれるため、レイアウトがどれだけきちんと正確に描かれるかで作品の仕上がりや完成度が違ってくる。一枚一枚のレイアウトに描かれる指示はもとより、連続したカットを繋《つな》げても前後で絵の矛盾がないように——例えば前のカットにあったものが次のカットにはない、などというようなおかしなところをなくし、演出の意図を正しく汲んで設計するのもレイアウトの仕事の範疇になる。緻密で神経を使う作業であり、アニメの画面作りの根幹を担うポジションだ。

宮崎がまず着手したのは、ハイジを取り巻く世界づくりだった。マイエンフェルトからデルフリを経てアルムの山小屋までのほぼ全行程は急斜面の山道である。さらにその上に牧場があり、牧場の先には〝山の上の湖〟がある。宮崎は下から上へ明確な地形の変化をダイナミックに設計し、ロケハンで実際に見たマイエンフェルト近郊やベルナーオーバーラントの風景を取り込みながら、ハイジの暮らす舞台を構築した。宮崎の仕事は本来レイアウト担当の範疇ではなかった建物や小道具の設定にまで及んだ。

「アルムの山小屋の設定を見たときにびっくりしたのは、宮崎さんの図面だったら本当に家が建つということです」。こう話すのは背景を担当した川本征平である。高校の建築科を出て建築の実務経験もある川本は、映画のセットなら実際に組み立てるから嘘《うそ》がないが、絵ならいくらでもごまかしがきくと言う。だからアニメの背景などは、案外いいかげんに描かれたものが多いのだそうだ。だが宮崎の絵は違っていた。

『ハイジ』の制作進行を務めた松土隆二《たかじ》も宮崎の構成力に驚かされた一人だ。「計算しつくされた構図とカメラワーク、山小屋の道具の使い方から演技のさせ方まで……もうどうしてこんなにリアルに作っていけるのか」とただただ仰天した。

高畑の演出指示を宮崎が次々とレイアウトに起こしてビジュアル化していく。レイアウトがすみずみまできちんと設計されているので、後に続く原画や背景はレイアウト通りに描くだけで自ずと演出意図を反映させたものになり、作品の完成度もスピードも上がる。だがこれは宮崎が全てのレイアウトに責任を持つことを前提としたシステムであり、従来のテレビアニメの制作現場ではこうした体制は作り得なかった。

通常ベテランでも一日数枚程度しか描けないというレイアウトを宮崎は日に五十枚以上描いた。その馬力を維持しながら一年間五十二話全てを一人で受け持とうというのである。宮崎は「やる」と決めたら意地でもやり通す人間だった。仕事が煮詰まると突然「こんな会社燃えてしまえ！」などと叫んで周囲を驚かせたが、それはどんなに追い詰められても決して逃げ出さない彼の、行き場のない感情の発露であったのだろう。

想像で描いたアルプス

ハイジが暮らし馴れ親しむアルムの自然がいかによいところであるかを、観ている子どもたちに共感してもらうためにも、背景の美しさは大事な要素だった。朝夕に変わる光と雲、四季折々の花や森

井岡雅宏が描いた雪のアルムのイメージボード(提供：川本征平).

……鑑賞に値する絵としての映像を作り上げる必要があった。

『ハイジ』の背景美術を任せられるのは誰だろう、と制作の佐藤から相談を受けた川本は、すぐに井岡雅宏の名を挙げた。井岡は特に観察力が抜群であった。それに草や木を変に作り込まずにきちんと描く技術や、色を重ねても濁らせない格調高い画風も兼ね備えている。「彼の力量は並はずれていると思う」。川本は井岡を高く評価していた。

だが井岡に美術監督を任せると決まったのは、七三年の夏も終わる頃のことで、すでにスイスへのロケハンは終了していた。井岡は現地を見ないままアルプスや牧場、町並みを描かなくてはいけなかった。彼はロケハンで撮影されたスイスの写真に、自身の故郷北海道の風景を重ねながら想像で描いたという。

それがよほど無念だったのだろう、十年後、同じアルプスを舞台にしたテレビアニメ『わたしのアンネット』の美術を担当したときは企画から携わり、病を押してロケハンに参加している。

高畑は、自分たちが感じてきたスイスの実感を井岡に求めていた。一方で井岡は美術監督として、携わるだろう多くの背景スタッフの描きやすさも同時に探らなければならなかった。『ハイジ』の美術性と作業性が交わるところを摑むべく、井岡は試作を繰り返していた。

最初は自信なげな線だった背景画も、回を追うごとに次第に大胆な色遣いになり、一見粗く見えるほどの軽快な筆致へと変わっていく。「作画の人があんなにがんばっているなら背景もがんばらなくては」。井岡は作画チームの姿に大きく刺激されていたという。

井岡は「光にも色がある」という持論のもと、光を演出し、得意とした透明感のある色で時間の経過をも表現してみせた。朝焼けのアルム、夏の夕暮れ、刻々と日が沈んでいくアルプスの岩肌の色の変化。現在ならデジタル処理に頼るところを、絵の力だけで表現していった。

『ハイジ』という場を得て、井岡は表現力と技術を飛躍的に高めていった。もともと優れた色彩感覚を持っていた井岡は、絵としての完成度だけでは飽き足らず、フィルムになるとどう色が変化するかにまで関心を寄せた。「井岡さんは職人というより絵描きだった」と、共に背景を描いた西原繁男（スタジオアクア元代表）は語る。その後『みつばちマーヤの冒険』や『赤毛のアン』でさらに表現の幅を広げ、テレビアニメの背景美術の世界に計り知れない功績を残している。

ハイジの色

仕上げ担当の小山明子は、はじめハイジを白いブラウスと青いベスト、赤いスカートというスイスの民俗衣装をイメージした配色で塗っていたという。だが小山の塗ったハイジの色を見た井岡が「ここに載せてごらん」とアルプスを描いた背景にかぶせてみせると、ブラウスとベストは白い雲と青い空に溶けこんで見えなくなってしまった――。

「明日から来て」。縁あって訪ねたズイヨー映像で、いきなり小山の〝アニメーション人生〟は始まったという。その一年後には小山は『ハイジ』の制作メンバーに加わっていた。任されたのは「仕上げ検査」といい、色を指定し、ペイントされたセルを検査する仕事である。今はデジタル化しているが、当時は全て手作業で、色の指定を書き入れ、塗り間違いや漏れなどないかセル一枚一枚をチェックした。セルの傷やほこりに悩まされながら、一話につき数千枚にもなるセルを撮影できる段階までに仕上げていくのは大変なことだった。完成度を上げようとすればするほど修正に時間が取られる。だが少しでも良くしたい。寝る時間を削り、家に帰ることもままならない毎日であったが、小山は不思議とそれを辛《つら》いとは感じなかった。

トレスやペイントの経験はあった小山だが、色を決めるのは初めての体験であった。設立して間もないズイヨー映像に、色の担当は自分だけ。経験も乏しい自分がやっていることはこれで良いのだろうか？　少しでも役目を果たしているのだろうか？　そう自問自答する毎日だったという。

小山を励まし、色のことを教えてくれたのが井岡だった。「影の中に本当の色があるんだよ」と気づかせてくれたのも井岡だった。例えば、同じ白でも、影の色によって、雪、雲、布、粉など、異なる質感を表現することができる。現在ならパソコンで無尽蔵に色を作ることができるが、『ハイジ』の頃は、セル画に使う絵の具の色はわずか百数色ほどしかなかった。思い通りの色を求めて絵の具を混ぜて自分で作ることもあった。その限られた色で質感を出していくのだ。

ハイジの服は結果的に、赤いベスト、黄色いブラウス、濃いピンクのスカートに決まった。そのハイジは、アルプスの青い空と緑の世界のなかで、お日さまのように明るく元気に輝いて見えた。とても気持ちの良い色だった。キャラクターが、そのキャラクターになり得る色を感じとること、そして背景と一体化できることを、小山は井岡のアドバイスから学んだ。

セルに色を塗る

色が決まるといよいよ塗りの作業になる。通称セルと呼ばれるポリアセテートの透明でごく薄いフィルムに、アクリルの絵の具で色を塗っていく。この作業を仕上げという。動画が五千枚あるとしたら、それと同じ枚数だけセルが描き起こされ、色を塗らなくてはならない。

まず動画用紙に鉛筆で描かれた線画を、セルにトレスマシンで写しとっていく。先に「アニメーションの歴史」で触れたが、機械でトレスできるようになって作業は省力化され格段にスピードアップした。だが、ほほの輪郭線のような色のラインを引くときは『ハイジ』の制作当時もハンドトレスが行われていた。

仕上げの机には絵の具を乾燥させる棚があった.

『ハイジ』の仕上げを担当した会社の一つにスタジオロビンがある。設立者の義山正夫は、武蔵野美術大学で油絵を学んだ後、アニメの世界に入った。一九六〇年代、テレビアニメが一気にお茶の間の人気番組になっていくのを追い風にスタジオロビンを設立。当初七人ではじめた会社も、次々にアニメ番組を受注して拡大し、後にセルに塗る絵の具の開発販売にも携わった。

セルに色を塗る作業(仕上げあるいは彩色)は時間との勝負だ。だがアクリル絵の具は乾きが悪い。しかも重ね塗りができないので、隣り合う色を塗るときは先に塗った色が乾いてからでないと次の色を置けず、塗る順番にもコツがいる。莫大な枚数のセルを手早く乾かしながら、次々にこなしていかなくてはならない。『ハイジ』ではスタジオロビンにいた総勢八十人のスタッフを投入し、毎週届けられる何千枚ものセルに色を塗ったという。

義山は仕上げの他に特殊効果も受け持っていた。特殊効果とは、セルに直接描き込む視覚効果で、湯気や土ぼ

アニメの撮影台．高さは3-4メートルほどにもなる．

こり、スピードや動作を表現する線など、現在はパソコンで処理していることを、当時は全部手で描いていたのだ。

特殊効果のことでは義山は作画監督の小田部にずいぶん教えられたという。「小田部さんは何でもできる人でした。特殊効果で気になるところがあれば『ここのところ、こういう感じはどうでしょうか？』という風に投げかけてくる。押しつけるのではなく雰囲気で伝えてくる人でした」。小田部の提案はいつも本当に勉強になったと語る。

特殊効果はセルが完成した後に回ってくる。特殊ブラシや筆を使っての一発勝負だ。早く持ち帰りたいとじれる制作進行を玄関に待たせていても、気分が乗らないとなかなかうまくいかない作業だったという。

フィルムの話

撮影監督の黒木敬七も『ハイジ』の色に挑戦した一

人だった。背景とセルは、撮影の段階になって初めて一枚の絵として完成する。別々に描かれていた背景とセルを重ね合わせ、重さが一トンもある大型の撮影台で撮影するのだ。美術監督や仕上げが作り上げたベストの色味を生かしたフィルムにすること。これが撮影に求められる仕事であった。

『ハイジ』の牧場の色は気持ちのいい緑に。雲は真っ白、空はすっきりとした青にして雪渓の白とのコントラストを出したい」。撮影が始まる前の打ち合わせで、黒木は高畑らにそう希望を伝えた。

黒木は元々コマーシャル制作会社出身で実写の撮影をしていた。人に誘われてアニメの撮影スタジオを設立。最初に携わったのが『宇宙エース』(一九六五―六六)という、この道のベテランであった。古くからの知り合いだった中島と佐藤に誘われて『ハイジ』に参加したという。

カメラマンである黒木は高畑のことを「映画屋さん」だと評した。高畑の演出は、撮影フレームやポジションがしっかり計算されているのだ。例えばハイジとペーターが山を登る場面では、手前と奥の背景を少しずつずらして撮影する〝密着マルチ〟が使われた。カメラが次第に上がり、ハイジたちの背後にある麓の村が徐々に視界に現れることで、山の高さと雄大な空気感が表現された場面がある。まるでクレーンを使った撮影のような効果が得られるその技法は、重ねる素材の移動値で距離感を作っていくが、高畑のカメラワークの指示には少しの狂いもなかったという。

『ハイジ』にはカメラを固定したまま周囲の風景をぐるっと見せたり、下から上にフレームを動かすといった〝パン〟という技法が多く使われた。高畑の演出指示に応えるため、黒木はアニメで初めての試みとして従来のタングステンタイプの電球ではなく色温度の違うデイライトタイプを撮影に使

第１話，奥の背景と手前のヤギや人物を少しずつずらして撮影する“密着マルチ”で，クレーンを使ったような視覚効果を出した．

用してみたり、特殊フィルタを手作りしたりするなど、様々な技法に挑戦したという。

苦労した思い出もある。宮崎が作画したヤギが行進するエンディングの撮影だ。九十秒のワンカットのため、途中で失敗すると最初からやり直しになる。だがタイムシートの指示通りに進めたら途中でヤギが前のヤギを追い越してしまった。前のヤギを追い越さないよう少しずつタイミングをずらすことでようやく完成したが、撮影には六時間以上かかったという。

『ハイジ』はその頃国内で一般的だった16ミリフィルムではなく、35ミリフィルムで撮影された。そこには中島順三の経験が生かされている。中島は過去に携わったアメリカとの合作の経験から、海外の基準である35ミリフィルムでの撮影を提案した。より広い面積で撮影したものを繋いで16ミリに圧縮するから、色や線がくっきりクリアになるのだ。

できあがったフィルムは編集者がカット順に繋げていく。担当したのは後にジブリ映画の名編集として長年活躍することになる瀬山武司である。瀬山はもともと実写の編集マンだった。中島に誘われてズイヨーに来て、『山ねずみロッキーチャック』で初めてアニメの編集を手がけた。はじめは「たかがテレビ漫画」と思っていた瀬山だったが、『ハイジ』で高畑らの仕事を目の当たりにして考えが変わった。「編集はなんて難しいのだろう」。高畑らの作る映像を編集でどう仕上げるか。瀬山はタイムシートの読み方を一からやり直した。全てが勉強だった。

編集は撮影されたフィルムをただカットナンバー順に繋げればよいというものではない。切って繋ぐそのタイミング一つで、作品ががらりと変わる。カットごとに分かれたフィルムを繋いで一本の作品にする仕事は、もう一つの演出といえるだろう。高畑の演出はコマ単位まで計算されているが、実際に繋げてみると間合いを増やすためのコマが必要だったり、カットの順番を並べ替えた方が見やすくなったりする。演出家がより作品の内容に寄った見方をするなら、編集者はそれを突き放して作品全体のバランスを見る。

高畑は最初の一、二話こそ編集作業に付き合ったが、あとは瀬山の編集を全面的に信頼して任せるようになったという。

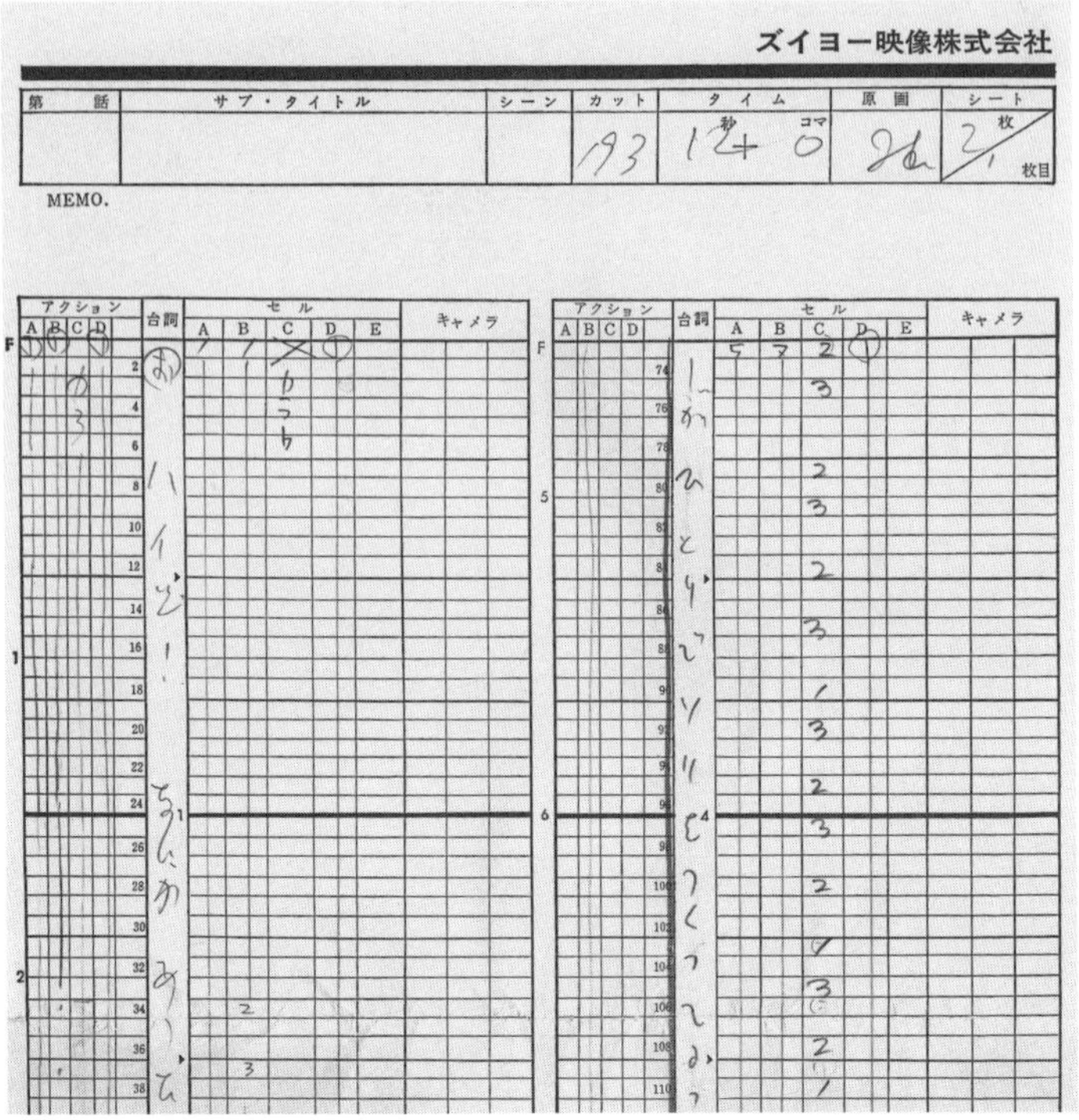

カットごとの動画(セル)番号と台詞を対応させるタイムシート．何秒何コマまで指定し，それに合わせて全作業が進められる．

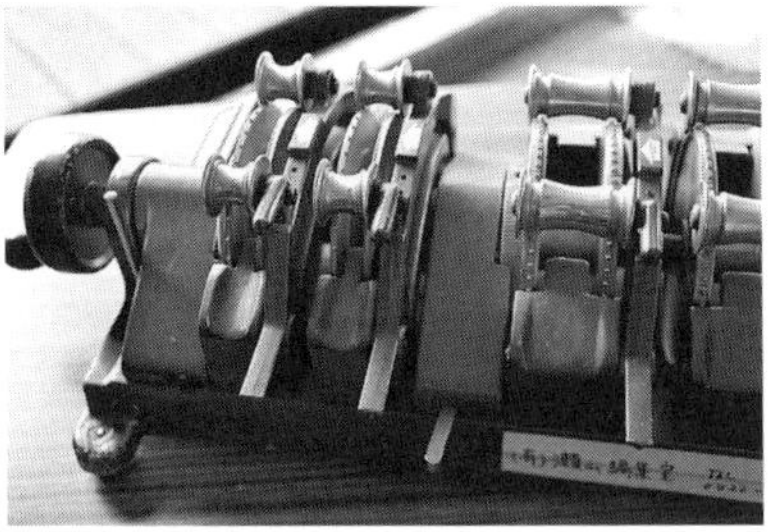

ネガ編集の時に 16 ミリラッシュフィルムと 35 ミリネガフィルムを合わせる為に使用する変速シンクロ(提供：瀬山武司)．

樅の木の音

絵がフィルムになるのと同時進行で、映像に音を入れる作業が進められた。本来なら完成した映像に合わせて音楽を入れ、そして声優が台詞《せりふ》を入れるのが理想的だ。だが、『ハイジ』にはそのような余裕はまったくなく、声優はモニターに映る、台詞が入る箇所を示す棒線だけを頼りに、絵を想像しながら演じたという。

『ハイジ』を支えたもう一つの「音」がある。台詞や音楽以外の音、すなわちドアの開け閉めの音や時計の音、足音、動物の鳴き声などの音で、効果音(SE)と呼ばれ、専門のスタッフが用意する。『ハイジ』は十九世紀のヨーロッパが舞台だ。馬車や鐘の音など、普段耳にしないような音も必要になる。松山祐士らがスイスで収録した鐘やカウベルの音はあったが、ないものは自分たちで作らなければならない。

『ハイジ』で効果音の担当をした一人に松田昭彦がいる。後に『機動戦士ガンダム』『銀河鉄道999』などの効果音を担当し、この世界にこの人ありといわれる人物だ。SFもののロボットが闘う音や変身シーンなどはイメージをふくらませて自由に音を作れるが、『ハイジ』のようなリアルな生活音だけの世界はごまかしがきかない。それだけに『ハイジ』の仕事は強く印象に残っているという。

効果音は、基本は本物の音を録音して使う。だがそれが難しい場合、例えば馬車の音だったらお椀《わん》で地面をたたいて蹄《ひづめ》の音を作り、古い椅子などを軋《きし》ませた音を足して馬車の感じを出した。松田が苦労したのが樅の木の音だったという。ハイジが心の支えにする樅は、いったいどんな音を出すのか。

ハイジはフランクフルトで馬車が通る音を樅の木の音と勘違いしてしまうが、実際に樅の木にマイクを向けてもただザワザワというだけで、「これだ」という音にならない。

松田は音を重ねたり、テープの速度を変えたりして、風に揺れて大きな枝が軋む様子を思い描きながら、樅の木の音を作り上げていったという。効果音は手仕事中心で勘がものをいう世界であった。時には自らの声も素材にするなど劇中の登場人物になりきる音の役者でもあった。

声優の台詞、効果音、そして音楽が揃ったところで、音を合わせて調整する整音(ミキシング)の仕事にバトンが渡る。シーンのどこからどこまでどういうタイミングで音楽や効果音を入れるか、録音監督の浦上靖夫が演出の高畑と相談しながら指定したものを、整音を担当した中戸川次男が、技術と勘で音量を調整する。浦上がOKしても中戸川が録り直しを求めることもあったという。実写映画出身の中戸川は、確かな技術と堅実な仕事ぶりで高畑らの信頼も厚かった。

音の作業は映像を見ながら行う。時に映像が間に合わず、音を先に録音することはあったが、音入れはテレビ局へ納品する最終工程である。どんなに映像が来るのが遅れようと、局への納品時間は絶対だ。時間とのギリギリの勝負の中、彼らは職人技の音で『ハイジ』を支えたのだ。

8章　過酷な制作現場

バラック小屋

『ハイジ』の制作準備は、東京・阿佐ケ谷にあったスタジオで始まった。スタジオでは放映中の『山ねずみロッキーチャック』と『ハイジ』の準備が二班に分かれて進行していた。スタジオといっても、それは狭い路地横の駐車場内に建つ古家で、以前はカツラ屋だったという。

平屋の狭い部屋は、机と人であふれかえっていた。窓の外はすぐ壁で陽《ひ》が入らず、中にいると昼だか夜だかわからなかったという。入口横に小さな台所があり、仕上げの部屋、制作の部屋、作画室と続く。最奥は仮眠室代わりの畳の間があった。頭がぶつかるほど狭い男女共用トイレは一つきり。もちろん風呂はない。

トタン葺《ぶ》きの小屋は、夏は暑く中はまるでオーブンのようになった。制作進行たちはエアコンのない車で動画やセルを集めてまわり、汗だくでスタジオに帰ってくるとそこは車内よりもっと暑く、たちどころにシャツがびっしょりになったという。「なんとかしてくれ」という悲鳴に、会社は大きな氷柱を買って部屋に置いてくれたこともあったが、そんなものは気休めにしかならなかった。

冬は冬で外にいるのと変わらないほど冷え込んだ。雨が降れば雨漏りし、奥の畳にはキノコが生えた。狭い路地には車を駐めるスペースもなく、夜中まで明かりがついて人の出入りが絶えないスタジオは近所から何をしているのかと怪しまれ、「やかましい」と怒鳴り込まれることもあった。

一九七三年十二月、『ハイジ』の制作がスタートして手狭になったのを機に、新スタジオへの移転が決まる。第一話放映前の大詰め作業の中のことだった。引っ越し先は東京・聖蹟桜ヶ丘にある日活の撮影所の敷地内で、日活関係者のつてで見つけた場所だった。元々そこは日活の貸しスタジオで、引っ越してきたときはまだ三、四棟残っていて、映画スターを使って撮影が行われることもあった。元からあった撮影スタジオを改造して作った二階建ての建物に机や絵の具を運び込むと、スタッフは整える暇を惜しんで制作作業にかかった。

『ハイジ』第一話の編集前の映像を持って新しいスタジオを訪ねた松土隆二は「これがスタジオ⁉」と驚いたという。真冬だというのに暖房はまだ設置されておらず、隅の方はコンクリートが乾いていない。身体《からだ》の芯まで冷えるような部屋では、めいめい練炭火鉢を置いたり、机の廻《まわ》りに段ボールで壁を作ったり、身体に毛布を巻いたりして寒さをしのいで作業していたのだ。朝は駐車場の車のフロントガラスに降りた霜を削り落とすこと、七輪に炭火をおこすことから始まったという。

新旧どちらのスタジオにも、高橋茂人はほとんど顔を出さなかった。新しいスタジオには高橋の部屋も用意され、机や資料が運び込まれたが、高橋は企画部門がある有楽町を拠点にしており、年の三分の一は海外への『ハイジ』の売り込みなどで日本にいなかった。高橋は、スタジオの窮状をどこまで把握していたのだろうか。「現場のことは現場に任せる。俺は口を挟まない」。スタッフへの信頼ゆえの高橋の一貫した理念だが、不幸にもそれが次第に過酷な環境下で寝ずに仕事をしていた現場スタッフとの距離を作っていくことになる。

『ハイジ』前夜

『ハイジ』の準備が佳境に入るころ、森やすじは長年目を酷使していたことから失明寸前まで追い込まれていた。もう第一線でアニメーターを務めるのは難しいと自ら身を引きながら、それでも『山ねずみロッキーチャック』の仕事の合間を縫って、『ハイジ』のパイロットフィルムやキャラクター原案などに関わってきた。

クレジットこそされていないが、森は『ハイジ』のオープニングの作画に参加している。冒頭のハイジとヤギのユキちゃんがスキップするところと、ハイジとペーターが手をつないで踊る場面がそうだ。ハイジとペーターのダンスのモデルを務めたのは、小田部羊一と宮崎駿だった。旧スタジオ横の駐車場で小田部がハイジ役、宮崎がペーター役になり手をつないで踊る。それを8ミリで撮ったのを参考に森が原画を描いた。微妙なスキップの感じを出せるよう、小田部らだけでなく、松土と事務の女性もダンスのモデルになったという。

空中ブランコに乗るハイジは、高畑が「ブランコに乗っていると高いところから普段とは違う風景が見える」という内容のフランスの詩からイメージした演出だった。そのイメージに合わせるように、

オープニングのダンスの原画は森やすじが担当した.

宮崎は『長くつ下のピッピ』で描いた、ブランコに乗る主人公をハイジに置き換えて使っている。

作画チームは第一話に八千枚ものセルを投入した。通常のテレビアニメの倍を優に超す。それを知った音楽担当の渡辺岳夫は、こんなすごい映像にありものの音楽を当てることなんてできないと発奮した。

通常テレビアニメでは「録《と》り溜《だ》め」といって様々なパターンの曲をあらかじめ作っておき、それを演出家と録音監督が打ち合わせながらシーンや演出に合わせて選び当てはめていく。だが『ハイジ』の第一話では、完成した映像に合わせて音楽を作曲するということをやってのけている。第一話の映像が完成したのは暮れも押し迫った放映のわずか数日前のことだった。渡辺と編曲家の松山祐士ら音楽チームは異常なほどの緊張感をもって五線紙に向かった。まだパソコンが実用化される以前のことである。ストップウォッチとメモ用紙をフル活用し、放送開始までの残り時間との格闘となった。

その日、映写室にオーケストラが集められた。渡辺はスクリーンに映る完成したばかりの映像を見ながら、絵に合わせて指揮棒を振った。芝居に合わせてその場で演奏するというのは、ミュージカルや歌舞伎など舞台音楽では行われるが、テレビアニメでは前代未聞のことだ。「こういうやり方はドキドキするけど、楽しいんです」と高畑は振り返る。第二話以降は通常の「録り溜め」に戻るが、渡辺らの意気込みが伝わるエピソードである。

そして、第一話

一九七四年一月六日、『ハイジ』の第一話が流れた。井岡の描いた白く輝くアルプスの映像に続き、大空を飛翔《ひしょう》する愛らしいハイジの姿、高らかなヨーデル……それらを総合した圧倒的な美しさは、これまでのどのテレビアニメとも違っていた。日曜夜七時半、お茶の間に届いたホルンの響きは、新しいテレビアニメの始まりを高らかに宣言していた。

冒頭、着ぶくれした少女が、暗く閉ざされた空間に佇《たたず》んで、狭い檻の中のニワトリを見ている。ハイジは五歳、これからデーテおばさんに連れられて山に住むおじいさんのところに行くのだ。どこか不安げな少女の様子に視聴者は「この子はいったいどうなるだろう」と関心を向けずにはいられなくなる。ラガーツからマイエンフェルト、そしてデルフリへとハイジの道中が丁寧に描かれる。

ハイジの身の上が周囲の人々の世間話によって次第に明らかになる中、カメラはハイジの様子を捉えて放さない。彼女がどんな子どもか、何を感じているのかが、小さな出会いや出来事を通して視聴者に示されていく。そして遂にハイジが自分を縛りつける服を次々と脱ぎ放り投げる。これまで抑え込まれてきたハイジの生命力が一気に目覚め、開放感が最高潮に達する瞬間だ。そしておじいさんの山小屋に着いたところで第一話が終わるのである。山への道中が、アニメーション史上たぐいまれな克明さで描かれたと、後に宮崎は高畑の演出をそう評した。

第一話の終盤、山に連れてこられたハイジは、山小屋の横にひときわ高くそびえ立つ樅の大木を見つける。カメラはハイジの視線を辿《たど》るように、下の枝からてっぺんまでじっくり一続きのカット(パン)で見せる。そこで流れる壮大な音楽と映像とが樅の木の存在を観る者に強く印象づけるのだ。当初、渡辺がこの場面に力強い音楽を使ったことに高畑は意表を突かれたが、「風の音だけにでもできた。でもあえてしなかった」と振り返り、音楽が本当によかったと評した。樅の木はハイジにとって特別な存在になる。そう感じさせた渡辺の意図は後々まで生き、樅の木のメロディは折に触れてハイジを支え、寄り添う音楽となった。

第一話を見終わった制作の佐藤昭司は、衝撃のあまり言葉を失っていた。おじいさんのいる山へ行くというただそれだけのことが、これだけ見応えのあるドラマに仕上がるとは! 佐藤だけではない。「カルチャーショックを受けました」と作画の桜井美知代。同じく作画の高野登は、「ただ山に行くだけなんです。おんじが出てきてデーテにすぐ帰れと言って終わる。すごいと思いました」。一緒に作

第１話，ハイジが樅の木を見上げる場面に，力強く壮大な音楽が重なった．

っていた制作スタッフも、完成した映像を通しで見るのは初めてで、それぞれに受けた衝撃を後に語っている。

文字通り身一つでおじいさんの前に飛び込んできたハイジ。第一話のラストシーンで、ハイジは黙り込んでいるおじいさんをまっすぐ見つめる。その表情は、どんな役者にもできない演技だと佐藤は思った。高畑の演出意図に作画監督の小田部が完璧に応えたのだ。この瞬間、アニメは確かに実写を超えていた。

チーズの話

演出、音楽、映像。どれをとっても『ハイジ』は、三十分の短編映画といってもよい出来栄えだった。心配された視聴率も、回を追うごとに上がっていき、20％台に達した。それには当のスタッフらも驚いた。生活を丹念に描くことでドラマが成立するということを実証し、テレビアニメの新境地を開いたのだ。

『ハイジ』の評判にクライアントも喜び、その後も内容に関して一切口を挟まなかった。おかげで高畑らは思う存分制作に打ち込めたという。だがテレビ局に思わぬ「クレーム」が届くようになった。「チーズがとろけない」というのだ。

山小屋でハイジとおじいさんの暮らしが始まると、日々の食卓に出てくるのがチーズである。おじいさんが炉端でチーズをあぶるのをじっと見つめるハイジ。チーズはゆっくり溶けて丸みを帯び、とろりとつやを出す。その描写に多くの子どもたちがくぎ付けになった。あのチーズが食べたい。『ハイジ』のシーンを真似して、どれだけ多くの子どもがチーズをトースターに入れたり、コンロにかざしたりしたことだろう。

だが当時の日本で流通していたのはプロセスチーズが中心で、いくらあぶっても思うように溶けずに焦げるばかりだった。乳製品のメーカーからも、あれは何というチーズかという問い合わせがあり、高橋はそのたびに「あれはスイスのナチュラルチーズだ」と説明を繰り返したという。

ヨーゼフ

『ハイジ』が子どもたちの人気を集めた理由に、動物の存在もあった。『ハイジ』には、ヨーゼフというセントバーナード犬が登場する。原作には登場しない犬だが、高橋は企画段階から子どもの目線を惹《ひ》きつけるアイキャッチャーとして、動物を出すことを考えていた。コマーシャル制作でよく使われた手法であった。「ハイジとペーターだけではさびしい。それにおじいさんはああいう性格ですから画面に出てくるとちょっと怖い。雰囲気を中和させるために、ヨーゼフに登場してもらったんです」。セントバーナード犬を選んだのは、学生時代に〝スイスではブランデーを首につけて山で遭難した人を助けに行く犬がいる〟と聞いたことが印象に残っていたからだという。

そのヨーゼフは子どもの興味を引く単なるペットではなく、ハイジの大切な家族としてきちんと描かれた。ヤギのユキちゃんもそうだ。お乳が出なくて処分されそうになる話など、高畑は観ている子

第２話，子どもたちを魅了したチーズをあぶる場面.

セントバーナード犬のヨーゼフも大切な家族として描かれた．第13話より.

どもたちが感情移入できるよう動物たちをストーリーに組み込んでいった。

現実的な話になるが、アニメ制作は、テレビ局から支払われる制作費だけでは赤字になってしまう。それを埋めるためにもキャラクター商品を考えなければならなかった。小田部と宮崎は、作画作業の合間を縫ってぬいぐるみメーカーの持ってきたヨーゼフのサンプルに、どこから見てもちゃんとヨーゼフに見えるよう入念なチェックを入れた。ぬいぐるみ一つ手を抜かない。それもすべて作品への愛情ゆえだった。

一人では作れない

「もうこれ以上原画の修正はできない」。風邪で高熱を出した小田部がダウン宣言をした。放映が始まる直前の正月。第二話の制作中のことであった。すると宮崎が怒りだした。「俺は小田部さんがきちんと直してくれるからレイアウトができるんだ！」。

それを聞いて小田部は衝撃を受けた。あまりの忙しさに、修正無しの原画と自分が手を入れた原画がどう違うかを知ってもらおうという気持ちもどこかにあった。ハッとした小田部は家に戻るとありったけの毛布と布団を被《かぶ》り汗を出した。不思議と熱は下がり、小田部は再び猛然と机に向かう。「自分は一人じゃない」。そのことに宮崎が気づかせてくれた。

演出・高畑、場面設定・宮崎、作画監督・小田部の三人でチェックする体制は、一人が欠ければ直ちに制作に支障を来す。だが三人だけでも作れない。

当時の原画，小田部羊一の描いた生き生きとした表情のハイジ（提供：遠藤政治）．

当時のテレビアニメの工程をもう一度整理しよう。脚本をもとに演出が絵コンテを描き、次にレイアウトが起こされる。それをベースに背景が発注され、動きの基本となる原画が描かれる。何人もの人が描いた原画を統一した絵柄にし、動きや人物の表情を直すのが作画監督の仕事である。次に、原画と原画の間を繋ぎ、動きをなめらかにする動画が描かれる。膨大な動画をチェックし修正する作業もある。セルに線画を転写した後、色が指定され、一枚一枚に色を塗り、チェックが済んでようやくセル画が完成する。

別工程で制作される背景とセル画を合わせて撮影し、編集して一本のフィルムにして音を入れる。そこでは録音担当と整音が映像に音楽、台詞《せりふ》、効果音を合わせ、できあがったフィルムを納品する。それらの工程をスムーズに進行させるため、制作進行の担当者が体の各器官を繋ぐ血液のように各部署や外部プロダクションを駆け回る。エンディングに表示されているのはそれぞれの工程の責任者名のみであり、クレジットされていない大勢のスタッフに支えられて『ハイジ』は生まれた。

それぞれが自分のポジションで力を惜しみなく差し出し、上がってきたものをメインスタッフが責任を持ってチェックし、必要に応じて手を入れる。時に情を排した冷徹さも求められた。徹夜で描かれたカットだろうが容赦なく切り捨てなければならないこともある。そうすることで作品がよりよいものになるという期待と信頼だけがそこに共有された。

『ハイジ』には実写の世界から参加したスタッフも多かった。最初は「テレビ漫画なんてこんなもの」という程度の認識だった彼らも、やがて高畑らの仕事ぶりに影響され変わっていく。手を抜かず、寝る間を削って真剣に取り組むメインスタッフの姿勢が周囲に感化し、伝播《でんぱ》していった。宮崎はこう語っている。「最後までできたというのは、自分たちだけの力ではなくて、だんだんまわりのスタッフたちの力が大きくなっていったからだ」。

『ハイジ』を支えた作画の話

作画の話を続けよう。『ハイジ』では通常一話あたり五千―六千枚、多いときで八千枚もの動画が使用された。テレビアニメの動画や彩色は出来高制のところが多い。したがって動画の枚数が増えれば、セルへのトレス、彩色、仕上げ検査、そして撮影にかかる手間が増すばかりではなく、そのまま人件費に跳ね返ることになる。そのため制作会社によっては、作画枚数の上限が決められている場合もあるほどだ。

日本のテレビアニメはそうしたコストの問題、手間や時間をかけられないといったマイナス面を逆手にとって、独自の発展を遂げたといえるだろう。単純な動作は同じ絵の繰り返しにしたり、前に使ったカットを再利用するなどして、動画枚数を抑える。動かさない分、止め絵を効果的に挿入したり、情景を挟んだ短いカットを繋いだりして、演出や撮影の工夫をしたのだ。ディズニーなど欧米のアニメが3Dアニメで動きやリアルな質感を追求していったのとは一線を画し、二次元としてのデザイン的な美しさや様式美が確立されていった。

アニメの絵として考えれば、シンプルな造形の方が動かしやすいのは明白である。何段もの影色が付き、複雑な髪形で凝ったコスチュームをまとったキャラクターたち。そもそものような絵は自在に動かすのには向いていない。善しあしではなく、本来的な意味でのアニメーションとは違うものが今日の日本のテレビアニメの主流となっているのだ。

「僕たちなりにちゃんとした世界を作ろう」。高畑や宮崎らが『ハイジ』で目指したもの。それは長編アニメ映画出身であった彼らの、テレビアニメという媒体でどれだけのことができるかという挑戦だったのかもしれない。そして『ハイジ』の幸運は、技術を持ったスタッフが集まる吸引力にあった。

『ハイジ』の作画に貢献したスタッフの中に、後にテレビアニメシリーズ「世界名作劇場」を支えた村田耕一らを擁するオープロダクションの面々がいる。村田らは『ハイジ』制作の話を聞きつけるや積極的に作画チームとして参加したという。

メンバーの一人才田俊次は、漫画家を目指して上京しアニメの世界に入り、『パンダコパンダ』などで高畑らと仕事を共にした。彼らの仕事のやり方に「パース、遠近の取り方がリアル。（キャラクターの）歩幅の設定まできちんとしないと成り立たない。長編映画の世界だ」と感じたという。例えば『ハイジ』でペーターが弁当を岩陰に置くシーンは、普通なら手のアップやバストショットで切って繋げて、なんとなく〝それらしく〟ごまかしてしまうところを、体全体で演技させるよう指示されている。当然演技も複雑になるし、動画の枚数も増えることになる。

才田は言う。「難しいアングルを平気で要求してくる。『ハイジ』はそれまでのアニメしか知らない人にとってはすごくリアルに見えたのではないか」。『ハイジ』のドラマを支えるキャラクターの演技は、参加したアニメーターらの画力を問われるものだった。高畑らの要求に応えられる力量がないと『ハイジ』の仕事は務まらない。〝使える〟人材を求め、制作の佐藤と松土は日々アニメーター探しに駆け回ったという。

才田にとって『ハイジ』は転機となる。彼は後に、高畑を演出に招いた『セロ弾きのゴーシュ』で全原画を一人でやってのけ、その技量を世に示した。

休まず作り続けるために

テレビアニメは過酷である。どんなことがあっても、週に一度、決められた時間までに作品を提供しなければならない。本来なら放映一週間前までにテレビ局に納品しなければならなかったが、制作がスケジュール通りに進むのはまれで、『ハイジ』では二日前、前日納品という冷や汗が出るような事態がたびたび起きた。「いったいどうなっている！」「監督をここに呼べ」。局との折衝を担当した中島は、幾度も呼び出しを食らっては苦情を一身に受けることになった。「でも彼はそれを決して我々のいる現場に持ち込まず制作に集中させてくれた」と、高畑は後に彼への感謝をつづっている。『ハイジ』の放映が始まるとたちどころに放映前までに制作していたストックは尽きた。近年のように特別番組のために通常番組が休みになることもない。どんなに作業が遅れようと毎週確実に放映日が来るのだ。常に時間との勝負である。「夜よ、明けないでくれ」。白む空を見ながら、小田部は幾度もそう思ったという。「一週間ぶっ続けで二十四時間起きていても、まだ時間が足りない」。宮崎も嘆いた。

スタジオは毎日が火事場であった。「今、スタジオを出ましたっ」。現像所の催促の電話に、撮影をしながら返事をする。蕎麦《そば》屋の出前である。殺気立つ仕上げ室では、制作進行もプロデューサーも経理さえも筆を執ってセルに色を塗り、乾く側から撮影に回した。仕上げを担当したスタジオロビンの義山は、絵の具を塗りかけたセルに顔を突っ込んでそのまま寝てしまったこともあったという。早く絵の具を乾かそうとドライヤーを使ったら、ひびが入ってしまったとか、制作進行が車の中に乾燥棚を置いて外注スタッフが塗り終わったセルを乾かしながら集めたなど、当時の苦労話は多い。

動画にしてもそうだ。少しでも早く楽に終わらせるには、内容にこだわらず、絵が多少ぎくしゃくしていても細かいところには目をつぶってさっさと次に回せばいいのだ。

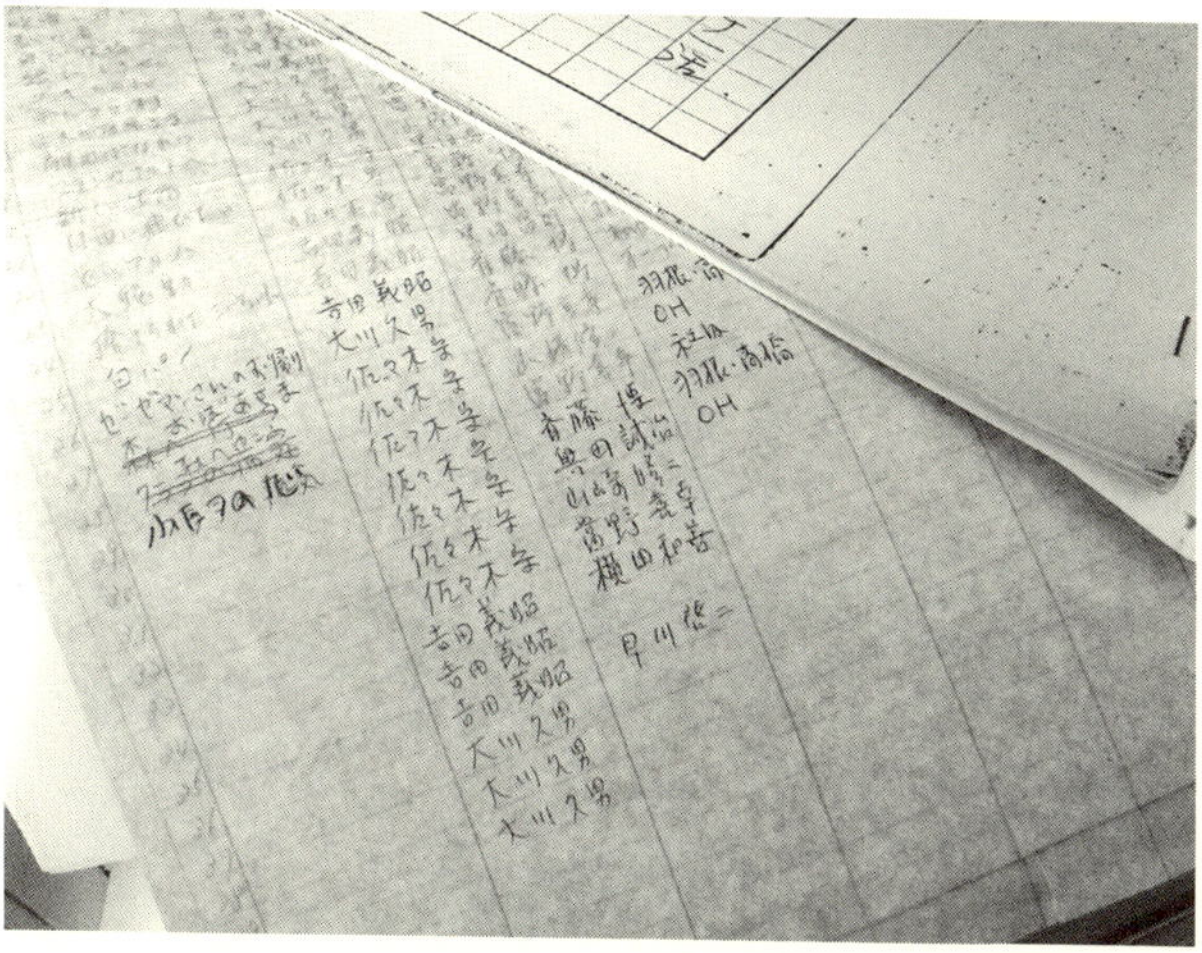

『ハイジ』制作班の担当者表．誰に何を割り振るのか決めるのは担当プロデューサーである中島順三の仕事だった．

だが――。カット袋を配るために一晩で二百キロも運転したという制作進行も、セルの裏紙に埋もれて何日も徹夜で色を修正し続ける仕上げ検査も、疲れ果てて床に転がって仮眠をとる作画も、そして家に帰るのは着替えを取りに戻る時だけだったという高畑自身さえも、誰もが良いものを作っているという誇りと熱に浮かされ、ただひたすら自分の担当する仕事を少しでも良いものにしようとだけ考えていたのだ。彼らの仕事ぶりに、森やすじは「それはもう　感動的にさえ　思えました」と自著に書いている。

　もはや昼夜もなければ休日もない。休みどころか寝ることさえままならない。その上テレビアニメの賃金は、お世辞にも高いとはいえなかった。これを今なら「ブラック」というのかもしれない。だが彼らの作品に懸けた熱量を、単純な労働問題に置き換えるのは難しい。

どんなに時間がなくても、ギリギリまで高畑らは自分の持ち分を手放そうとはしなかった。演出が粘れば場面設定も粘る。作画も背景も仕上げも、誰もが自分の持ち場でベストを尽くすべく踏ん張るから時間が押してくる。スケジュール通りに納品するのが役目である佐藤さえ「もう止《や》めましょう」と悲鳴を上げながらも、次々に上がってくる映像に感動している自分がいたという。佐藤は言う。

「ものを作るっていうのはきつかったし大変だった。だから楽しかったんだ」。

裏番組は『宇宙戦艦ヤマト』

一九七四年四月、中島は試写の席上で突然問いただされた。「『ヤマト』の対策はできているか？」。秋の新番組で『ハイジ』の裏番組に『宇宙戦艦ヤマト』が入るのだという。『ハイジ』の視聴率を奪われるのではないか。心配したテレビ局が今後の見通しを聞いてきたのだ。「はい、大丈夫です」。中島は即答した。呼び出された中島にはそう言い切る自信があった。高畑らの仕事ぶりを間近で見てきた。上がってくるラッシュフィルムの『ハイジ』にいつも心から感動できた。それが自信の根拠だった。

『ヤマト』を企画し、プロデューサーを務めたのは西崎義展《よしのぶ》である。彼は前年まで高橋茂人のもとで、ズイヨーのスタッフとして『山ねずみロッキーチャック』の制作部長を務めた人物だった。『ロッキーチャック』終了後、自分の作品をやりたいとズイヨーを飛び出したが、まさか『ハイジ』の裏に『ヤマト』をぶつけてくるとは、と高橋は驚き呆《あき》れた。

スタジオ内でくつろぐスタッフ．左から保田道世(仕上げ)，小田部羊一，小山明子，中島順三(1976年)．

　結局、局の心配は杞憂に終わった。『ハイジ』の視聴率は揺るがず、『ヤマト』は予定の話数の前に打ち切りとなる。アニメブームの火付け役となった『ヤマト』と、ジブリ作品などの数々の名作を生む母体になった『ハイジ』。後のアニメに大きな影響を与えたこの二つの作品は、奇《く》しくも同じ時間の表と裏で運命的ともいえる対決をしたのだ。『ハイジ』の前からは退いた形の『ヤマト』だったが、再放送枠から徐々に中高生のファンを増やし、再編集の劇場映画で空前のアニメブームを巻き起こすことになる。

　話を『ハイジ』の制作現場に戻そう。連日ギリギリの状況が続いていたスタジオでは、スタッフ間にある種の連帯感が生まれていた。パソコンどころかファクスすらない時代のこと、今ならメールやデータ送信で済ませることを、当時は何をするにも直接運び、手渡ししていた。顔を合わせれば自ずと相手の仕事も状況も見えてくるものだ。スタジオ内は絵の具の匂いに加えて、汗やタバコ臭が入り交じり、人の熱気でむんむんしていた。終夜電気がともり、人の出入りが絶えることがなかった。特段用のない外部スタッフもよく訪ねてきた。寝る間もないはずなのに隙を見つけては飲みに出かけ、スタッフ同士で夜通し語り合うこともあった。けんかも多かった。人と人の距離が今よりもずっと近い時代だった。

その一方で、高橋と現場の距離は縮まることはなかった。有楽町のオフィスで版権窓口としてテレビ局やクライアントとの交渉に明け暮れていた高橋と連絡を取り、現場との間を繋いでいたのは、中島や大場らごくわずかの人間だけだった。高橋がもっと現場に足を運んでくれていれば違っていた、と当時のスタッフらは口をそろえる。この小さな隙間が、後の思いがけない結果へと繋がっていく。

9章　『ハイジ』がもたらしたもの

去る人、残る人

一九七四年初夏。『ハイジ』が順調に滑り出したのを見て、高橋茂人は次回作の交渉をはじめていた。一番手に挙げていたのは『ハイジ』と同じくスイスを舞台にした『ウィリアム・テル』。スイスの独立を描いた伝説の物語である。「高橋さんの企画なら」とテレビ局と広告代理店との編成会議で大筋が決定していたという。

だが、そこにもう一つの企画が飛び込んできた。『ハイジ』の成功を喜んだスポンサーのカルピス会長が、次回作にウィーダ原作の『フランダースの犬』を希望したのだ。会長は貧しくとも心の美しい少年が天に召されるというその小説をいたく気に入っていたという。「ぜひ『フランダースの犬』を」という依頼に応えて、広告代理店の別のセクションが動いた。テレビ局にとっても、一社で日曜日のゴールデンタイムを買ってくれるスポンサーは、大変な得意先である。『ウィリアム・テル』を作るか、『フランダースの犬』を作るか。広告代理店やズイヨー経営陣内を二分した次回作は、結局スポンサーの意見が通された。

「自分のやりたい作品ではない」。高橋の困惑は大きかった。理想の作品を求めて起こしたスタジオに今最高のスタッフがそろっている。これからだと思っていた。だがある日、高橋が海外の出張先から戻ってくると、スタジオはそっくり新会社に移管されていた。高畑ら現場の人間も何が起きたかわからない間の出来事だった。

その間、会社とスタジオの間に立たされた担当プロデューサーや制作らは苦悩していた。このまま高橋と仕事を続けたい気持ちもある。しかし資金を提供するスポンサーの意向に沿うことなしに『ハイジ』の制作は続けられない。肝心の高橋との距離を埋められないまま、彼らは板挟みとなった。

だが、どんなことがあっても『ハイジ』だけは守らなければ。その思いは高橋も一緒だった。自分が正面から争えば『ハイジ』はどうなるだろう。制作どころではなくなるかもしれない。高橋は黙って身を引こうと決意する。

放映後四十年をへて、高橋はその時のことをこう語った。「本当のお客さんは子どもたち。代理店でもなければスポンサーでもない。テレビ局でもない。『ハイジ』を作るのは、楽しみに待っている子どもたちと俺の、人間としての約束なんだ。だから（制作を）止《や》めるわけにいかなかった。『ハイジ』を作り終えなかったら一生悔いを残した」。

全ては『ハイジ』と子どもたちのために——。どの立場にいた人も思いは同じだった。十二月末、『ハイジ』最終話「また会う日まで」の放映が無事に終了した。だがその喜びを分かち合う人々の中に高橋の姿はもうなかった。

サンタクロースの森で

『ハイジ』を作る表舞台から身を引いた高橋だったが、いつまでも失意の中にはいなかった。もとよりくよくよする性分ではない。高橋には長年温めていた夢があった。妖精を扱うファンタジーの映像化である。長い裁判の末、『ハイジ』の著作権を取り戻すと、高橋は再起を果たした自身の会社で、南の島の海竜と少年の物語『ピュア島の仲間たち』(一九八三)を手がけた。資金も集まり、念願のアニメ制作の再開であった。キャラクターデザインには小田部羊一が、音楽では渡辺岳夫と松山祐士が参加した。

プロデューサーという一見華やかな世界で生きていた高橋だったが、彼が終生愛したのは『ムーミン』のような妖精や動物、子どもといった小さな優しい世界だった。学生時代、けんかが強くアイスホッケー部のフォワードとして鳴らした彼を知る同級生からは、「何でおまえが『ハイジ』や『ムーミン』なんだ」とずいぶん言われたという。

高橋は、もう一度原作に忠実な『ムーミン』を作り直したいという思いから、その後もトーベ・ヤンソンを訪ねてフィンランドを往復していた。あいにく『ムーミン』の再アニメ化は他所で進んでいた企画が通り、高橋の『ムーミン』は実現しなかったが、高橋はフィンランドに通ううちに北欧神話や民話、中でもサンタクロース伝説に興味を持つようになる。

フィンランドの伝説の山コルヴァトゥントゥリには、子どもたちの声を聞いて夢を叶《かな》えてくれるヨ

高橋茂人原案のサンタクロースの絵本『サンタの博物誌』『サンタの国の 12 カ月』(1995 年，アートデイズ)．構成は長男の高橋友茂．

ウルプッキ(サンタクロース)が住んでいるという。ヨウルプッキとその手伝いをする妖精(トント)たちの話に『ムーミン』を重ね合わせた高橋は、これをぜひ日本の子どもたちに伝えたいと考えた。そうして生まれたアニメ作品が『森のトントたち』(一九八四―八五)だ。これから自分は日本とフィンランドの懸け橋になろう……夢は再び大きく膨らんでいた。

一九八四年二月、トーベとの打ち合わせが済んだ高橋はフィンランド観光局の車でサンタクロース村があるロヴァニエミを訪ねていた。その帰路のことである。真冬のフィンランドは厳しい冷え込みに包まれていた。視界の利かないブリザードの中を走行中、高橋らの乗った車は交差点で横から来た車と出合い頭に衝突してしまう。高橋はとっさに「まだ帰りの飛行機に間に合うな」と立ち上がったが、その後の記憶はない。

再び意識が戻ったのはロヴァニエミの病院のベッドの上だった。アイスホッケーで鍛えた強靭《きょうじん》な体が奇跡的に命を救ったものの、肋骨《ろっこつ》を十二本も折る重傷で、二カ月間の絶対安静であった。高橋はトーべが見舞いに来たのも知らずに長い間眠り続けていたという。

結局その事故の後遺症から、高橋は生涯車いすを手離せない体となり、アニメ制作の願いは断たれた。「まあいろいろあるよ」。後年高橋はそう言って笑った。

世界で愛される『ハイジ』

「ハイジ――それはスイスそのものであり、世界そのものだ。このアルプスの少女は全世界で愛されている」。原作を挙げてそう語るのはハイジ研究家であるジャン＝ミシェル・ヴィスメール氏である。スイス人である氏は、自国の文学作品『ハイジ』がどのように世界に受容されているかを研究している。ことに日本のアニメ版の世界的な影響に注目している一人だ。

高橋らが世に送り出した『ハイジ』は、ヨーロッパをはじめ世界各国で放映された。「日本製だなんて信じられない」「ドイツのオリジナル作品だと思っていた」。意外なことだが、『ハイジ』を観たヨーロッパ人は、誰もが自国の制作と思うのだという。『ハイジ』は海外で売ることを意識したとはいえ、それは例えばスイス人が日本の昔話をアニメ化し、日本人が違和感なく自国の制作と思うようなものである。小田部もこれには驚いたという。「ハイジのデザインは多少目鼻の彫りが深く見えるよう工夫したが、自分からするとやっぱり日本の女の子に見えてしまう。どうしてヨーロッパで受け入れられるのでしょうね」。

ヨーロッパで最初に『ハイジ』が放映されたのはスペインである。ハイジの髪が黒いので、黒髪が

右：1975 年度，『ハイジ』はスペインで優れたテレビ番組に送られる賞を受けた．授賞式に臨む佐藤昭司．左：同国では『ハイジ』が人気の絵本シリーズとなって，アニメのキャラクターを使ったオリジナルストーリーが多数作られた（提供：桜井利和）．

多いスペインなら違和感も少ないのではというのがその理由だったが、反響は予想以上であった。その当時は『ハイジ』の放映時間になると、町から人が消えたという。スペインでは音楽を一切変えない契約だったため、今でも主題歌「おしえて」のメロディーを子ども時代の思い出とともに懐かしむスペイン人は多い。

『ハイジ』はヨーロッパ各地で大ヒットし、さらにアラブ諸国やアジア圏にも『ハイジ』旋風は巻きおこった。ハイジというキャラクターは、世界共通のシンボルとして受け入れられたのだ。意外にも『ハイジ』のお膝元スイスの放送局ではまだ一度も放映されたことがないが、スイス人なら誰でもアニメ版を知っている。ドイツやイタリアなど、隣接する国の局から視聴できるからだ。

『ハイジ』の舞台になったマイエンフェルトには、今日ヨーロッパ各地はもとより、世界中から観光客が押し寄せる。『ハイジ』はこの町の重要な観光資源の一つになっている。ハイジの「冬の家」としてミュージアムになっている建物の横のショップには、アニメ『ハイジ』グッズが山のように並んでいる。アニメの絵の『ハイジ』がすっかりキャラクターとして定着しているようだ。日本からのツアー客も多く、観光バスが停まる度、老若男女の団体が見慣れた『ハイジ』の絵を見て歓声を上げる。

今や原作や実写映画より、日本で作られたアニメの『ハイジ』が原体験だという人は多い。彼らは犬のヨーゼフが原作に出てこないことを知って愕然《がくぜん》とする。近年、アルムの山小屋の裏にアニメ同様に樅の木が三本植えられたが、まるで日本の『ハイジ』がアルムの新しいシンボルになったかのようだ。そこで各国から訪れた人々が、それぞれの国の言葉で子どもの頃の思い出を語りあう。高畑勲らが作りあげた『ハイジ』は、人の暮らしや心を丁寧に描くことで、言葉や文化を超えた普遍性を持ったのだ。

『ハイジ』からジブリへの系譜

『ハイジ』は多くの人の心に忘れがたい印象を残した。その一人に『小公女セーラ』『愛の若草物語』で監督を務めた黒川文男がいる。黒川は映画からテレビアニメの世界へ入ったものの、戦闘シーンばかりのアニメに愛想を尽かし、実写に戻って糊口《ここう》をしのいでいた。医療映画制作のため小児病院を訪ねた時のことだ。入院している子どもたちが『ハイジ』をくいいるように観ている。男の子も女の子も自由に歩けないクララに自分を重ねて泣いているのだ。それを見た黒川は、思いがけず涙がこぼれたという。アニメにはこれだけの力があるのだ。「ああ、もう一度アニメを作ろう」。

『ハイジ』の後、同時間帯は『母をたずねて三千里』や『あらいぐまラスカル』など、児童文学をアニメ化したシリーズが続いた。高畑勲、宮崎駿らはそこで『赤毛のアン』(一九七九)の制作に携わった後、数年を経てスタジオジブリを設立する。ジブリには『ハイジ』から連なる市井の人々を丁寧に描くという伝統が受け継がれた。

また『ハイジ』で絵コンテを担当した富野喜幸(現・富野由悠季)は、後に『機動戦士ガンダム』で宇宙に舞台を広げ、戦時下に生きる少年たちの等身大の姿を描き一世を風靡《ふうび》する。宮崎の仕事に学んだという庵野《あんの》秀明は『新世紀エヴァンゲリオン』で少年たちの内面を深く描くことを試み、大きな反響を呼んだ。

小田部羊一は任天堂に移籍した。ゲームのキャラクターの全身を使った動きは、アニメの技術抜きには語れない。『ポケットモンスター』『スーパーマリオブラザーズ』など、世界に発信するゲームメーカーのアニメーション監修として小田部は活動の場を広げた。

日本のアニメが海外で高い評価を得るようになって久しい。その一つの理由が、他国のアニメには見られない日常描写を積み重ねた丁寧な心理描写にある。それが海外の若者の間にも、国境を越えて共感を持って受け入れられた。何ということのない間の取り方一つとっても、長年のアニメ制作で試行錯誤によって積み上げられてきた技術なのだ。

高畑、宮崎らの取り組んだ日常描写を積み上げて描くリアリズムの流れは、その後の彼らが制作基盤としたスタジオジブリによって着実に受け継がれ、日本のアニメ映画を、一般社会が認める芸術・文化の域まで引き上げた。その大きな波は今では『サマーウォーズ』『おおかみこどもの雨と雪』の細田守、『ほしのこえ』『君の名は。』の新海誠、『この世界の片隅に』の片渕須直などといった気鋭の次世代へと受け継がれている。

日本が誇るアニメーションは、一朝一夕に作り出されたものではない。一部の人が波を起こし、携わる人々に影響を与え、それが相乗効果となって作品の水準を向上させ、その映像に触発された人々がさらなる次の高みを目指した結果だ。その連鎖の源流に『ハイジ』がある。『ハイジ』は後世に影響を与えた作品として、今後も長く記憶され続けるだろう。

二〇〇五年から三鷹の森ジブリ美術館で「アルプスの少女ハイジ展――その作り手たちの仕事」が開催された。その折、宮崎の声かけで三十年ぶりに当時のスタッフが集まった。「『ハイジ』をやれたからアニメのおもしろさがわかった。アニメの業界にずっといられたのは『ハイジ』があったから」。参加したスタッフが口々にそう語ったという。『ハイジ』こそが自分の原点。それは携わった制作者の共通の思いだった。

「ヨレヨレでも私たちは幸せだった」と宮崎は振り返る。高畑も言う。「私たちにとって『ハイジ』の仕事は、ほんとうに幸せな仕事だった」。

エピローグ──追悼

「『ハイジ』を企画したのは高橋さんの力。僕は高橋さんは日本で随一のプロデューサーだと思っているんです。『ムーミン』に『ハイジ』、ああいう企画ができる人は他にいなかった」。高橋を知る川本征平はプロデューサーとしての高橋をそう評する。一人の情熱が核となり周囲を巻き込むように生まれる作品がある。そして作った人さえ思いもよらないほどの高みへ飛翔する。『ハイジ』は正にそういう作品だった。

高橋は言う。「いい人に出会えた。だから『ハイジ』は生まれた」。アニメの現場を知らないと言われることもあった高橋だが、良いものを見極める目は確かだった。そして彼のまなざしの先には、いつも作品を観てくれる子どもたちへの思いがあった。「視聴率を取るなら刺激の強いものを作ればいい。だけどそれは違う」「作り手の見方を押しつけ、登場人物の誰が〝正〟で、誰が〝邪〟と決めつけるのは傲慢《ごうまん》だ」。それが高橋の哲学だった。しゃれ者で海と猫を愛し、誰にでも気前よく振る舞う。卑怯《ひきょう》を何より嫌うが一癖も二癖もある親分肌。高橋は、彼を知る人に忘れがたい印象を残している。

筆者は二十五年近くにわたって『ハイジ』の話を関係者から聞いてきた。高橋茂人という人物がキーマンだと知るも、彼とのコンタクトが実現するのに二〇一四年二月まで待たねばならなかった。以後十カ月にわたり鎌倉の高橋の元に足を運んだ。

二〇一五年十一月末のことだ。その日の取材を終えて高橋に暇《いとま》を告げた。振り返って見た高橋のそのときの表情をよく覚えている。静かにほほえみを浮かべて上を向いていた。満足げないい表情に思わず足を止めた。持参していたカメラをもう一度取り出そうかという思いが頭をかすめたが、しかし私はそのまま失礼した。高橋の訃報が届いたのは、その一週間後のことだった。「後は任せた」これは彼の口からよく出た言葉だった。道筋をつけたら後は口を挟まない。話したことをどうまとめるか、それは任せるよ。高橋らしい去り方だったのかもしれない。

もう一つ取材の中で、高橋が何度も繰り返した言葉がある。「自分たちが見てきた時代を伝えたい。これは僕らの責任だと思う」。『ハイジ』という作品は、突然生まれたものではない。多くの人の手を通して作られ、彼らの生きてきた時間や体験が幾重にも層となって結実している。同時に高橋が遺《のこ》したかった思いも『ハイジ』にあふれている。

子どもの頃に『ハイジ』を観て、私が受けた衝撃は何だったのか。今ならそれが説明できる。私はゾクゾクするほど『ハイジ』の背後に大人の本気を感じていたのだ。当時制作に携わった人々から聞いた話は、かつて感じた思いを裏付けてくれた。「たかが子どもの」アニメに本気になってくれた大人たち。彼らの思いが結実し『ハイジ』は生まれた。そのメッセージはシンプルだが力強い。人生は真剣に生きるに値する。ものづくりは素晴らしい。

「作品は時代の境界を突破し、数世紀にわたって生きつづけ、いわば〈大いなる時間〉の中で、創作された時代におけるよりも遥《はる》かに強く、より完全に生き続ける」。哲学者ミハイル・バフチンの言葉である。大いなる時間の中で『ハイジ』はこれからも生き続けるだろう。

スイス・マイエンフェルト近郊，後方から見たアルムの山小屋(現在).
前方にクーラーラインの谷を望む.

参考文献

池田宏『平成26年度日本大学文理学部個人研究費アニメーション資料1　アニメーション』日本大学文理学部心理学科　横田正夫研究室
ジャン゠ミシェル・ヴィスメール著・川島隆訳『ハイジ神話　世界を征服した「アルプスの少女」』晃洋書房
うしおそうじ『手塚治虫とボク』草思社
大塚康生『作画汗まみれ　改訂最新版』文春ジブリ文庫
大橋義輝『「サザエさん」のないしょ話　国民的アニメ番組の制作現場と作った人たち』データハウス
大矢行『アニメ&コミックのための絵コンテ作法』代々木アニメーション学院出版局
おかだえみこ・鈴木伸一・高畑勲・宮崎駿『アニメの世界』新潮社
小川一朗編著『北京の日本人学校〈北京城北日本国民学校誌〉』朝文社
加藤義彦・鈴木啓之・濱田高志編著『作曲家・渡辺岳夫の肖像　ハイジ、ガンダムの音楽を作った男』P-Vine BOOKs、ブルース・インターアクションズ
叶精二『日本のアニメーションを築いた人々』若草書房
神村幸子『アニメーションの基礎知識大百科』グラフィック社
キネ旬ムック『BSアニメ夜話 Vol. 07　アルプスの少女ハイジ』キネマ旬報社
キネ旬ムック、養老孟司責任編集『フィルムメーカーズ⑥　宮崎駿』キネマ旬報社

キネ旬ムック『富野由悠季全仕事』キネマ旬報社
木村英俊『THEアニメソング　ヒット曲はこうして作られた』角川書店
小田部羊一イラスト著『「アルプスの少女ハイジ」小田部羊一イラスト画集』廣済堂出版
佐々木守『戦後ヒーローの肖像『鐘が鳴る丘』から『ウルトラマン』へ』岩波書店
佐藤昭司『にほんアニメばなし』伊丹堂書店
週刊朝日編『戦後値段史年表』朝日文庫
鈴木敏夫『風に吹かれて』中央公論新社
スタジオジブリ責任編集『井岡雅宏画集「赤毛のアン」や「ハイジ」のいた風景』徳間書店
高野光平・難波功士編『テレビ・コマーシャルの考古学　昭和30年代のメディアと文化』世界思想社
たかはしたけお『名作なるほどガイド　ハイジの贈りもの』いのちのことば社、フォレストブックス
高畑勲『アニメーション、折りにふれて』岩波書店
高畑勲『映画を作りながら考えたこと』徳間書店
高畑勲解説『「ホルス」の映像表現』アニメージュ文庫、徳間書店
高畑勲・宮崎駿・小田部羊一『幻の「長くつ下のピッピ」』岩波書店
但馬オサム『世界の子どもたちに夢を　タツノコプロ創始者　天才・吉田竜夫の軌跡』メディアックス
津堅信之『テレビアニメ夜明け前　知られざる関西圏アニメーション興亡史』ナカニシヤ出版
鶴見俊輔『戦時期日本の精神史　一九三一～一九四五年』岩波現代文庫
鶴見俊輔『戦後日本の大衆文化史　一九四五年～一九八〇年』岩波現代文庫
豊田勢子『天津租界の思い出』文芸社

林和哉『映画制作ハンドブック　インディペンデントのつくりかた』玄光社
パルテノン多摩『パルテノン多摩歴史ミュージアム特別展　アニメーションと多摩』
皆川有伽『日本動画興亡史　小説手塚学校1　テレビアニメ誕生』講談社
宮崎駿『出発点 1979〜1996』徳間書店
森やすじ『アニメーターの自伝　もぐらの歌』アニメージュ文庫、徳間書店
梁瀬次郎『じゃんけんぽん』図書出版社
山口康男編著『日本のアニメ全史　世界を制した日本アニメの奇跡』テン・ブックス
吉田義昭『思いやり　いのちのスケッチ』サイマル出版会
渡辺泰他『日本アニメーション映画史』有文社
『あおもりはやり歌人もよう』東奥日報社
『アニメーション研究資料 vol. 1　東映動画の成立と発達』二〇〇二年　日本アニメーション学会研究委員会
『アルプスの少女ハイジ』ＬＤボックスブックレット、「アルプスの少女ハイジ」資料集1・資料集2
『季刊びーぐる　詩の海へ』第十四号、澪標
『月刊アニメージュ』一九八一年十二月号　徳間書店
『月刊アニメーション』一九七九年十二月号―一九八〇年五月号、ブロンズ社
『月刊絵本別冊　アニメーション』一九七八年十一月号―一九七九年三月号、すばる書房
『月刊ＭＯＥ』二〇〇九年六月号、白泉社
『講座アニメーション3　イメージの設計』美術出版社
『THIS IS ANIMATION すばらしきアニメ世界シリーズ　①ＳＦ・ロボット・アクションアニメ編、②ファン

タジー・メルヘン・少女アニメ編』小学館
『熱風』二〇一三年七月号―二〇一四年二月号、スタジオジブリ
『文藝春秋デラックス　アニメーションの本』一九七七年十月号、文藝春秋
『放映40周年特別企画　アルプスの少女ハイジとスイス展　図録』松竹株式会社事業部
『ロマンアルバム⑲　アルプスの少女ハイジ』徳間書店

あとがき

二〇一七年、日本のアニメーションが生まれて一〇〇年を迎える。初期に作られた作品は、今からみればややぎこちない動きに感じられるが、当時の制作者にとって自分の絵が動くというのは、どんなにわくわくする体験だったことだろう。現存する映像からは、大変な手間をかけ、のめり込んで作ったのだろう彼らの熱意が伝わってくる。

今日アニメーションは、かつて海を渡って印象派など西洋の画家に影響を与えたあの浮世絵のように、日本を代表する文化として世界に確たる地位を得た。一方で、制作環境に目を向けると、アニメーション制作そのものは、一九一七年の誕生時から制作者たちの時間と労力を消費していく基本的なシステムに大きな変化はないように思う。

しかし、その中においても『アルプスの少女ハイジ』のスタッフたちの作品に対する献身ぶりには目を見張るものがあった。本書においては、結果として彼らの寝食を忘れた働きぶりを賛美するような表現を使ってしまったが、彼らを突き動かしたのは、ただただ納得のいく作品を作りたいという熱意であったのかもしれない。

だが、ハードワークがよい作品を生むといった精神論を振りかざすつもりはない。今もアニメの現場には改善されるべき状況が多々ある。

幸運なことに『ハイジ』は、才能を開花させる場や人材に恵まれ、そして時代も味方した。「ただただおもしろがって作っていただけ」。宮崎駿氏はそう言ったという。同じ志を持つ仲間と実感を分かち合う。苦しく辛い作業だったというだけではなく、ものづくりという純粋な楽しさが『ハイジ』にあり、それが実感されたのだろう。

この演出なら、このレイアウトなら、この美術なら、この音楽なら……この人の言うことなら全て信じられる。あのとき現場にみなぎっていたのは、共に働く仲間への絶対的な信頼感ではなかったか。「だから安心して自分の仕事に没頭できた」という小田部羊一氏の言葉が印象的だった。「ハイジは本当に幸せな作品でした」。この高畑勲氏の言葉は、観ていた子どもたちにとってもそうだったと言えるだろう。

初めて『ハイジ』をテレビで観たときの衝撃は今でも忘れられない。雪を抱いたアルプスの山並みと草原、空の青さ、そこでヤギと戯れる赤いほほの女の子。その色合いを鮮やかに思い出すことができる。

だが、この文章を書きながらはたと気がついた。当時わが家は白黒テレビだったのだ。それなのにどうして私の記憶に『ハイジ』の色が強く印象に残っているのか。繰り返し再放送を観ているうちに記憶が上書きされたのだろうか。否、第一話を本放送で観た時のことをはっきりと覚えている。確かにあれは青い空だった。

＊

本書の執筆のきっかけは故・高橋茂人氏との出会いでした。高橋氏は病気療養中にもかかわらず取材を引き受けてくださり、のべ二十五時間以上にわたり貴重なお話をお聞かせくださいました。謹んでご冥福をお祈りいたします。ご家族の方々にも大変お世話になりました。

この本ができるまで、どれほど多くの人に助けられ支えられてきたかわかりません。東映動画、TCJ、ズイヨーをはじめとした、当時のスタッフおよび関係者の方々などにも多大なご協力をいただきました。

振り返ると『ハイジ』の関係者の聞き取りを始めて四半世紀になります。今ではほとんどの方がご高齢になられましたが、今回内容の確認をお願いした際、多くの方から返信が届き、ご健在の便りに嬉しく思ったところでした。貴重な証言をお聞かせくださり、また資料を快くご提供いただきましたことを、この場をお借りしてお礼申し上げます。

また、『東京新聞』および『中日新聞』での連載の機会を作ってくれた前田朋子さん、中村陽子さん、このお二人のお力がなければ、本書は成立しなかったでしょう。加えて長年にわたり『ハイジ』の資料を集め、地道に研究を続けてこられた日本ハイジ児童文学研究会の桜井利和さんのご教示が、執筆の心強い支えとなりました。ありがとうございました。

『ハイジ』の故郷スイスでも、この日本の『ハイジ』が注目を集め、評価する動きが高まっています。世界に誇る日本のアニメーションがこれからも研究され、この愛すべき『ハイジ』と共に百年、二百年先の人々に手渡されることを願ってやみません。

二〇一七年一月

ちば　かおり

◇本書は『東京新聞』および『中日新聞』二〇一六年一月四日から四月一日まで連載された文章を改稿した。
◇本書中に掲げた『アルプスの少女ハイジ』の画像（vii、114、122、125、128頁）は©ZUIYO、キャラクターデッサンは小田部羊一氏の提供。

ちば かおり

1962年，福岡県柳川市生まれ．海外児童文学およびテレビアニメーション，とくに「世界名作劇場」シリーズを研究．日本ハイジ児童文学研究会所属．著書に『ラスカルにあいたい』『アルプスの少女ハイジの世界』(いずれも求龍堂)，『「ラスカル」の湖で——スターリング・ノース』(文溪堂)，『図説アルプスの少女ハイジ——『ハイジ』でよみとく19世紀スイス』(共著・河出書房新社)，『世界名作劇場への旅』(新紀元社)など．

ハイジが生まれた日
　—テレビアニメの金字塔を築いた人々

2017年1月26日　第1刷発行
2023年8月25日　第4刷発行

著　者　ちば かおり

発行者　坂本政謙

発行所　株式会社 岩波書店
〒101-8002 東京都千代田区一ツ橋2-5-5
電話案内 03-5210-4000
https://www.iwanami.co.jp/

印刷・三陽社　カバー・半七印刷　製本・中永製本

ISBN 978-4-00-024482-4　　Printed in Japan